CHRISTOPH BAUSENWEIN

DIE
SUPER-BAYERN

VERLAG DIE WERKSTATT

Der Autor

Christoph Bausenwein veröffent-
lichte im Verlag Die Werkstatt
einige viel beachtete Bücher zur
Fußballgeschichte. Speziell für
Jugendliche verfasste er mehrere
Bücher über die deutsche Nationalmannschaft, den Frauenfußball
und verschiedene Bundesligavereine.

Literatur

Wenn ihr noch mehr über den
FC Bayern erfahren wollt, dann
schaut doch in unten stehende
Bücher. Aus ihnen stammen auch viele
Informationen, die dieses Buch enthält.

Christoph Bausenwein: *Beckenbauer*,
Bielefeld 2020

Dietrich Schulze-Marmeling: *Die Bayern-
Chronik*, Göttingen 2019

Christoph Bausenwein: *Das Prinzip Uli Hoeneß.
Ein Leben in Widersprüchen,* Göttingen 2014

Christoph Bausenwein, Dietrich Schulze-
Marmeling: *FC Bayern München. Unser Verein,
unsere Geschichte,* Göttingen 2012
(aktualisierte Neuauflage 2013)

Teile des Werkes erschienen von 2010 bis 2019
unter dem Titel „Das große Bayern Buch".

Bibliografische Information der Deutschen Nationalbibliothek: Die Deutsche Nationalbibliothek ver-
zeichnet diese Publikation in der Deutschen Natio-
nalbibliografie; detaillierte bibliografische Daten
sind im Internet über http://dnb.d-nb.de abrufbar.

Copyright © 2020 Verlag Die Werkstatt GmbH
Siekerwall 21, D-33602 Bielefeld
www.werkstatt-verlag.de
Alle Rechte vorbehalten.
Satz und Gestaltung:
Die Werkstatt Medien-Produktion GmbH
Druck und Bindung: Belvédère Art Books
Oosterbeek, Niederlande

ISBN 978-3-7307-0535-3

Bildnachweis:

firo sportphoto: 64, 64ur, 73o, 79or, 98u, 102o, 123

Fotoagentur Horst Müller: 6u (4), 8ur, 9, 19o, 22 (5), 23, 25ol, 26 (2), 28o, 29,
31 (3), 32, 33r, 34 (2), 35 (2), 36 (4), 37, 38l, 39or, 40r, 41u, 42, 43 (8), 44u, 45o,
47, 48, 49 (8), 50 (3), 52o, 53o, 54 (2), 55 (2), 56 (2), 57o, 58 (2), 63o, 64ul, 98o,
106 (2), 109o, 110/111, 114u, 117, 120l, 121u, 123m

Getty Images: 51, 53u, 105, 112u

imago images: Cover, Rückseite, Vorsatz, Nachsatz, 4, 6o, 6ur, 24 (2), 25or,
27, 28, 30, 38u, 40l, 41o, 52u, 58 (Stadion), 63u, 66 (2), 67, (2), 68 (2), 69 (2),
70, 71 (2), 72 (2), 73u, 74, 75 (3), 76, 77 (3), 78, 79 (2), 80, 81, 82, 83 (2), 84, 85,
86, 87, 88, 89, 90, 91 (2), 92, 93, 94 (2), 95 (2), 96, 97 (2), 99 (4), 100 (3), 101
(3), 102u, 103 (3), 113m, 115o, 118, 119 (2), 120 (2), 121o, 122 (2), 123 (2)

picture alliance/dpa: 33o, 43 (Aumann), 44o, 45u, 46, 50ul, 55u, 57u, 58r,
59ol+om, 60 (2), 61 (4), 62, 65 (2), 104 (Kinder), 106 (2), 107 (2), 111u, 113
(2), 115u, 116

Andreas Kalka: 39u; Archiv des Autors: 17 (4), 20, 21r (6); Bildarchiv Preu-
ßischer Kulturbesitz: 12, FC Bayern München: 111o; Herbert Liedel: 36u,
39ol; Historisches Sportarchiv Wolfram Dietz: 17o (3), 123l; Privatarchiv Uri
Siegel: 14o; Stadtarchiv München: 106u; Thilo Thielke: 112o

Übrige Fotos: Archiv des Verlags

INHALT

2019/20 holte der FC Bayern mit Trainer Hansi Flick seinen 30. Meistertitel und gleichzeitig den achten in Folge seit 2013 – und verbesserte damit die von ihm gehaltenen Rekorde noch einmal.

DIE BAYERN: DER REKORD-VEREIN

Meisterchance über 50 Prozent
Seit der ersten Bundesliga-Meisterschaft 1969 haben die Bayern bis 2020 in 52 Spielzeiten 29 Titel geholt. Wer also vor der Saison auf den Meister Bayern tippt, hat eine Trefferchance von mehr als 55 Prozent!

2019/20 holte der FC Bayern mit einer phänomenalen Siegesserie zum zweiten Mal in seiner Vereinsgeschichte das „Triple" aus Deutscher Meisterschaft, Pokalsieg und Triumph in der Champions League! Es war die grandioseste Spielzeit seit 2012/13, als der FCB ebenfalls in allen Wettbewerben siegreich geblieben war und sich als erster deutscher Verein überhaupt das begehrte Triple gesichert hatte. Seinen Status als berühmtester und erfolgreichster Fußballklub Deutschlands unterstrich der FCB 2019/20 mit weiteren Rekorden: Es war die achte Deutsche Meisterschaft in Serie und das dreizehnte Double, der Titel in der Champions League gelang ohne Punktverlust!

Mit 30 Meistertiteln, 20 Triumphen im DFB-Pokal und sechs Erfolgen in der Champions League steht der FCB in Deutschland einsam an der Spitze.

Aber nicht nur bei den Trophäen hält der FC Bayern alle Rekorde. Kein anderer Verein hat in der Bundesliga so viele Siege errungen, Punkte gesammelt und Tore geschossen. Keiner hat so viele Nationalspieler und Weltmeister hervorgebracht. Und natürlich hat auch keiner so viele Mitglieder und Fans.

TITEL UND REKORDE DES FC BAYERN

6 x Gewinner Europapokal der Landesmeister / Champions League

30 x Deutscher Meister

1 x Gewinner UEFA-Pokal

20 x DFB-Pokalsieger (davon 13 „Doubles", also Meisterschaft und Pokalsieg in einer Saison)

2 x Gewinner Weltpokal

1 x Gewinner Europapokal der Pokalsieger

1 x Klub-Weltmeister

Bundesliga-Rekorde

Gesamt-Rekorde (bei 1.874 Spielen)*:
4.133 Tore (Tordifferenz +2.100)
3.769 Punkte
1.120 Siege
798 Spieltage Tabellenführer
697 Heimsiege
423 Auswärtssiege

Saison-Rekorde (alle ohne Zeitangabe: 2012/13):
Der größte Vorsprung: **25 Punkte**
Der größte Vorsprung nach der Hinrunde: **11 Punkte**
 (2014/15 vor Wolfsburg)
Die beste Rückrunde: **49 Punkte** (2019/20; 2013/14)
Die beste Tordifferenz: **+80**
Die meisten Punkte: **91**
Die meisten Saisonsiege: **29**
Die meisten Saisontore: **101** (1971/72)
Die meisten Spiele ohne Gegentor: **22** (2014/15)
Die meisten Heimsiege: **16** (1972/73; wie Schalke
 1971/72 und Wolfsburg 2008/09)
Die meisten Auswärtspunkte: **47**
Die meisten Auswärtssiege: **15**
Die wenigsten Niederlagen: **1** (wie Bayern 1986/87)
Die wenigsten Gegentore: **17** (2015/16)
Die wenigsten Hinrunden-Gegentore: **4** (2014/15)
Die wenigsten Auswärtsgegentore: **7**
Die wenigsten Auswärtsniederlagen: **0**
 (wie Bayern 1986/87)

Der früheste Herbstmeister: **14. Spieltag**
Der früheste Meister: **27. Spieltag** (2013/14)
Die längste Siegesserie: **19 Siege** (2013/14)
Die längste Auswärts-Siegesserie: **10** (2013/14; 2019/20)
Der beste Saisonstart: **10** Siege in Folge (2015/16)
Die längste Serie ohne Niederlage ab Saisonstart: **28** (2013/14)
Die längste Serie mit mindestens zwei Treffern: **20** (2013/14)

Serien über mehrere Spielzeiten:
Die längste Serie ohne Niederlage: **53 Spiele**
 (28.10.2012 bis 29.3.2014)
Die längste Heimsiegserie: **26 Siege**
 (27.11.1971 bis 26.5.1973)
Am längsten ohne Heimniederlage: **73 Spiele**
 (11.4.1970 bis 14.9.1974)
Am längsten ohne Auswärts-
 niederlage: **33 Spiele**
 (21.4.2012 bis 29.3.2014)
Die längste Torserie: **65 Spiele**
 mindestens ein Treffer
 (21.4.2012 bis 29.3.2014)

*Der FC Bayern liegt in der ewigen Bundesligatabelle auf Platz 1. Auf Platz 2 folgt mit großem Abstand Borussia Dortmund (3.216 Tore / Tordifferenz +689, 2.875 Punkte, 805 Siege).

(Alle Daten bis zum Ende der Saison 2019/20, Europacupspiele incl. Supercup und Play-Offs.)

Weitere Rekorde
477 Europacup-Spiele
271 Europacup-Siege
13 Finals im Europacup
Die meisten Champions-League-Siege in Folge: **11** (= alle Spiele 2019/20)
Die meisten erzielten Tore in einem K.-o-Spiel: **8** (im Viertelfinale 2019/20 gegen den FC Barcelona)

ROTHOSEN AUS SCHWABING
Der FC Bayern 1900 - 1965

Bayerischer Meister
(Ostkreismeister) 1910, 1911

Süddeutscher Meister 1926, 1928, 1932,
1965 (Regionalliga)

Deutscher Meister 1932

DFB-Pokalsieger 1957

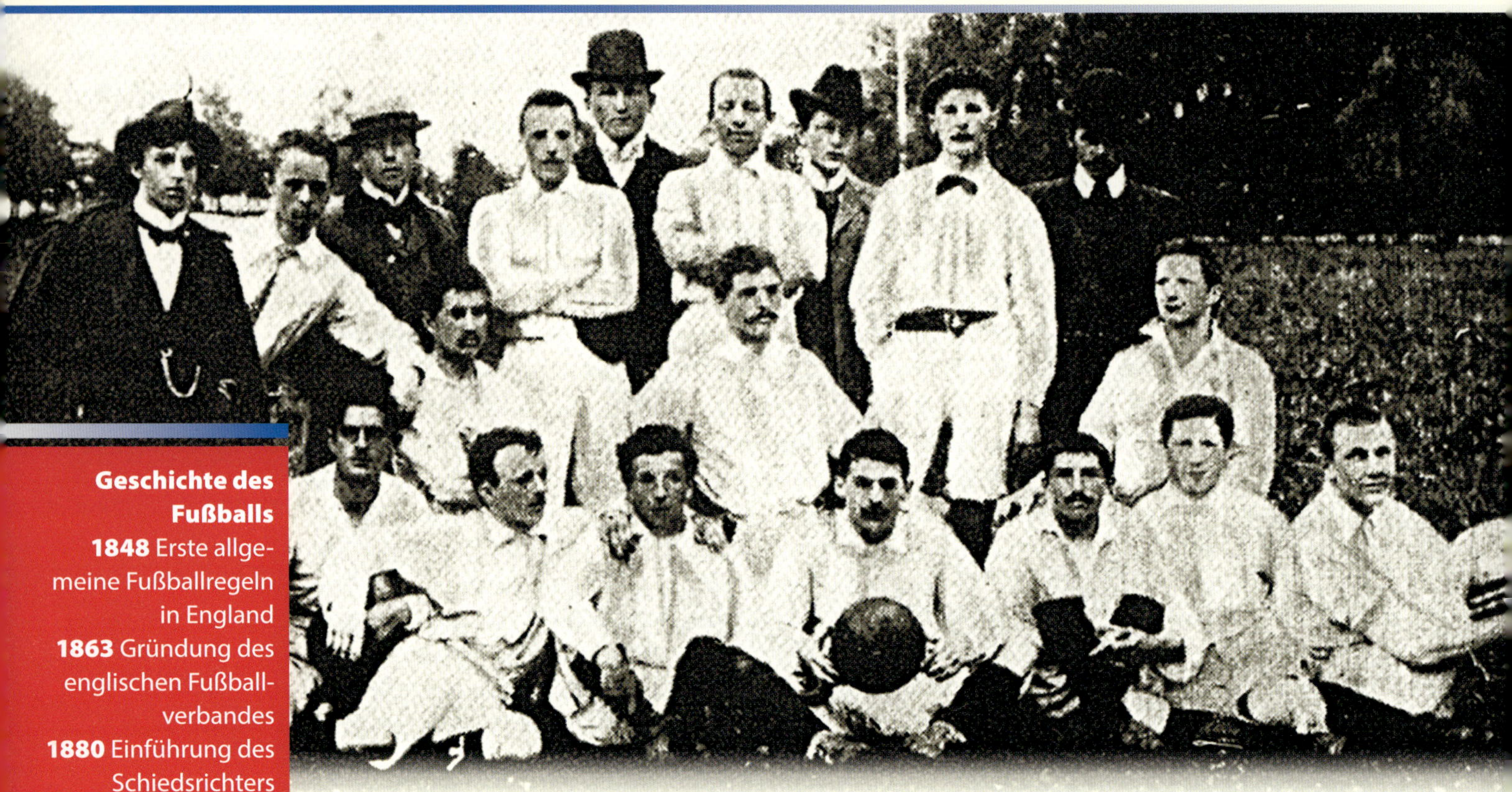

Der FC Bayern im Gründungsjahr.

Geschichte des Fußballs

1848 Erste allgemeine Fußballregeln in England

1863 Gründung des englischen Fußballverbandes

1880 Einführung des Schiedsrichters

1885 Erste Profis in England

1888 Gründung der englischen Liga
Gründung von Germania 1888 in Berlin (ältester heute noch bestehender deutscher Fußballverein)

1900 Gründung des DFB in Leipzig
Gründung des FC Bayern

1903 VfB Leipzig erster Deutscher Meister

1930 Erste Weltmeisterschaft in Uruguay

1932 FC Bayern erstmals Meister

1935 Erster Pokalwettbewerb in Deutschland

1956 Real Madrid erster Sieger im Europapokal der Meister (heute Champions League)

1963 Einführung der Bundesliga

1965 Aufstieg des FCB in die Bundesliga

1974 FC Bayern erstmals Sieger im Europapokal der Meister

1987 FCB deutscher Rekordmeister (10 x)

Die Vereinsgründung

In München wurden die ersten Fußballer im Jahr 1895 auf der Theresienwiese gesichtet. Es gab aber zunächst nicht viele Fußballfans. Die meisten jungen Deutschen turnten lieber. Sie mochten keinen Fußball, da das Spiel aus England kam und deshalb als „undeutsch" galt. Auch als manche Turnvereine eigene Fußballabteilungen gründeten, änderte sich daran nur wenig. So galten die Fußballer, die sich im Jahr 1897 im Männerturnverein (MTV) München zusammenschlossen, immer noch als Außenseiter – und das zu einer Zeit, als in England schon hochbezahlte Profis vor Zehntausenden spielten.

Bald stritten sich die Fußballer im MTV auch untereinander. Die einen wollten Fußball nur als Ergänzung zum Turnen betreiben. Die anderen wollten endlich richtige Meisterschaftsspiele im Süddeutschen Fußballverband austragen, der gerade gegründet worden war. „Wir müssen die Fesseln der Turnerbewegung abstreifen!", forderten die Rebellen um ihren Anführer Franz John. Am 27. Februar 1900 fand deshalb im MTV-Vereinslokal „Bäckerhöfel" unweit vom Marienplatz eine Sitzung statt. Auf dieser Versammlung wurde darüber abgestimmt, ob der MTV dem Süddeutschen Fußballverband beitreten soll. Als sich die Turner gegen den Beitritt entschieden, verließen elf MTV-Fußballer aus Protest die Versammlung. Sie begaben sich in die Gaststätte „Gisela" nahe dem Odeonsplatz und gründeten noch am selben Abend den FC Bayern München als eigenständigen Verein. Zum ersten Vorsitzenden wurde Franz John gewählt.

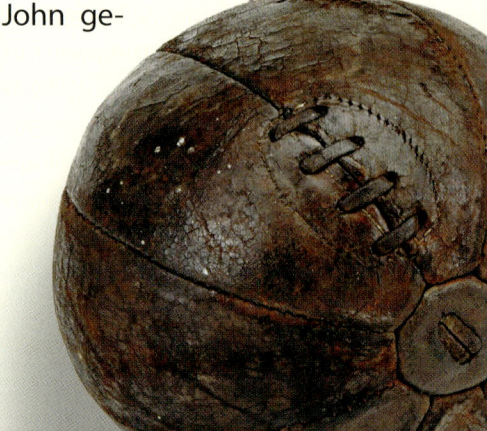

Franz John, Bayern-Präsident 1900 - 1903, war wie so viele Mitglieder kein echter Bayer.

DER NAME „BAYERN"

Auf der Gründungsversammlung diskutierte man lange über den Namen des neuen Fußballklubs und entschied sich schließlich für den Namen „FC Bayern". Damit folgte man einem damals weitverbreiteten Brauch. Viele der neuen Fußballvereine, die zu dieser Zeit in ganz Deutschland entstanden, wollten im Vereinsnamen den Stolz auf ihre Heimat zeigen. Im Rheinland oder in Westfalen hießen Vereine zum Beispiel „Rhenania" oder „Westfalia", in und um Berlin gab es viele Klubs, die sich „Preußen" oder „Borussia" (so heißt Preußen auf Lateinisch) nannten.

ERSTE SPIELE

Erster offizieller Gegner des FC Bayern war im März 1900 der 1. Münchner SC. Zum Spiel traten die Bayern in hellblauen Hemden und weißen Hosen an und siegten mit 5:2. Wenig später folgte ein 7:1-Triumph gegen die alten Kameraden vom MTV München. Unabhängige Fußballer, so zeigte sich, waren eben besser als Turner. Kein Wunder, dass der FC Bayern in den nächsten Jahren mehrmals den Titel eines Münchner Stadtmeisters errang.

Der Niederländer Dr. Willem Hesselink spielte ab 1903 beim FC Bayern. Er trieb die Mannschaft als Spielmacher an und war als Torjäger gefürchtet.

„Zugroaste"

Viele der Gründungsmitglieder waren keine Bayern. Sie hießen Focke und Francke, Pollack und John. Die meisten dieser Männer stammten aus Sachsen und Norddeutschland. Franz John, der erste Vorsitzende in der Geschichte des Vereins, kam aus Pritzwalk im heutigen Mecklenburg. Es ist nicht verwunderlich, dass der FC Bayern in den Ruf kam, nicht wirklich ein Verein von und für „echte" Bayern zu sein, sondern einer für „Zugroaste", also Zugereiste, aus Preußen.

Rot und Weiß

Das erste Vereinslied wurde nach der Melodie der Bayern-Hymne („Gott mit dir, du Land der Bayern") gedichtet. Die zweite Strophe lautet:
„Treu woll'n wir den Sport verehren,
Zu ihm steh'n um jeden Preis,
Treu woll'n alle wir nur schwören
Auf die Farben: Rot und Weiß!"

KAVALIERE AUS SCHWABING

Der FC Bayern war ursprünglich ein Schwabinger Verein. Die erste eigene Spielstätte des Vereins lag an der Clemensstraße. Im Jahr 1907 folgte der Umzug in die Leopoldstraße, wo ein für damalige Verhältnisse hochmoderner Sportplatz zur Verfügung stand. Schwabing war in dieser Zeit das Zentrum der Münchner Künstler und Studenten. Die Bayern waren kein Verein für Arbeiter, sondern viel mehr für „Kavaliere", die auf Bildung, gutes Benehmen und schicke Kleidung Wert legten. Bis zum Ersten Weltkrieg musste jeder, der in den Verein aufgenommen werden wollte, mindestens die Mittelschule – das war damals die Realschule – besucht haben. Mitglieder wurden daher vor allem Studenten, Künstler und junge Kaufleute. Den Stadtteil Schwabing verließ der FC Bayern erst 1946, um an die Säbener Straße nach Harlaching zu ziehen. Geblieben aber ist sein Ruf, ein besonderer Verein für die Erfolgreichen und Prominenten zu sein – für die „Schickeria" eben.

DIE ROTHOSEN

In hellblauen Hemden und weißen Hosen hatten die Bayern ihren Spielbetrieb begonnen. Aus praktischen Erwägungen wechselten sie dann zu weißen Hemden und schwarzen Hosen. Nachdem man sich im Jahr 1906 aus finanziellen Gründen dem Münchner Sportclub (MSC) angeschlossen hatte, war schließlich eine erneute Änderung fällig. Die Farbe des MSC, des damals größten Sportvereins Münchens, war nämlich Rot. Daher spielte der „FC Bayern, Fußballabteilung des MSC", fortan in weißen Hemden und roten Hosen. Vom Volksmund wurden die Spieler schon bald als die „Roten" bzw. die „Rothosen" bezeichnet. Die Spieler des TSV 1860, des anderen großen Münchner Vereins, wurden entsprechend als „Blaue" bezeichnet.

Westlich des Englischen Gartens, in der Schwabinger Türkenstraße, wimmelte es um 1900 nur so vor Künstlern aller Art.

DIE ERSTEN ERFOLGE

In der Saison 1907/08 wurde der FC Bayern erstmals Meister in der A-Klasse Oberbayern. In den Jahren 1910 und 1911 waren die „Roten" dann in ganz Bayern die Besten: Sie gewannen den Titel des bayerischen Meisters (damals auch Ostkreismeister genannt, bezogen auf den Kreis Ost des Verbandes Süddeutscher Fußballver-

eine). Diese Erfolge beruhten vor allem auf zwei Maßnahmen: Zum einen hatte man schon frühzeitig damit begonnen, gezielt vielversprechende Talente zu verpflichten. Zum anderen spielte man seit einiger Zeit regelmäßig gegen die spielstarken englischen Profiteams und wurde so immer besser. Trainiert wurde die erste Erfolgsmannschaft der Bayern von dem Engländer Taylor, bester Spieler war Max Gablonsky. Der schnelle Rechtsaußen war auch der erste Nationalspieler der Bayern. Insgesamt bestritt er ab 1910 vier Länderspiele für den Deutschen Fußball-Bund (DFB).

Stareinkauf

Vor der Saison 1910/11 verstärkte sich der FC Bayern gezielt. Größter Star war der Torhüter Karl Pekarna. Er stammte aus Wien und war für seine eleganten Flugparaden berühmt. Um den Weltklassemann vom Lokalrivalen FC Wacker München wegzulocken, sollen die Bayern viel Geld gezahlt haben. Da Fußball damals in Deutschland noch ein reiner Amateursport war und kein Sportler bezahlt werden durfte, wurde Pekarna vom Süddeutschen Fußballverband vorübergehend ausgeschlossen.

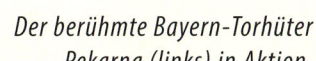

*Der berühmte Bayern-Torhüter
Pekarna (links) in Aktion.*

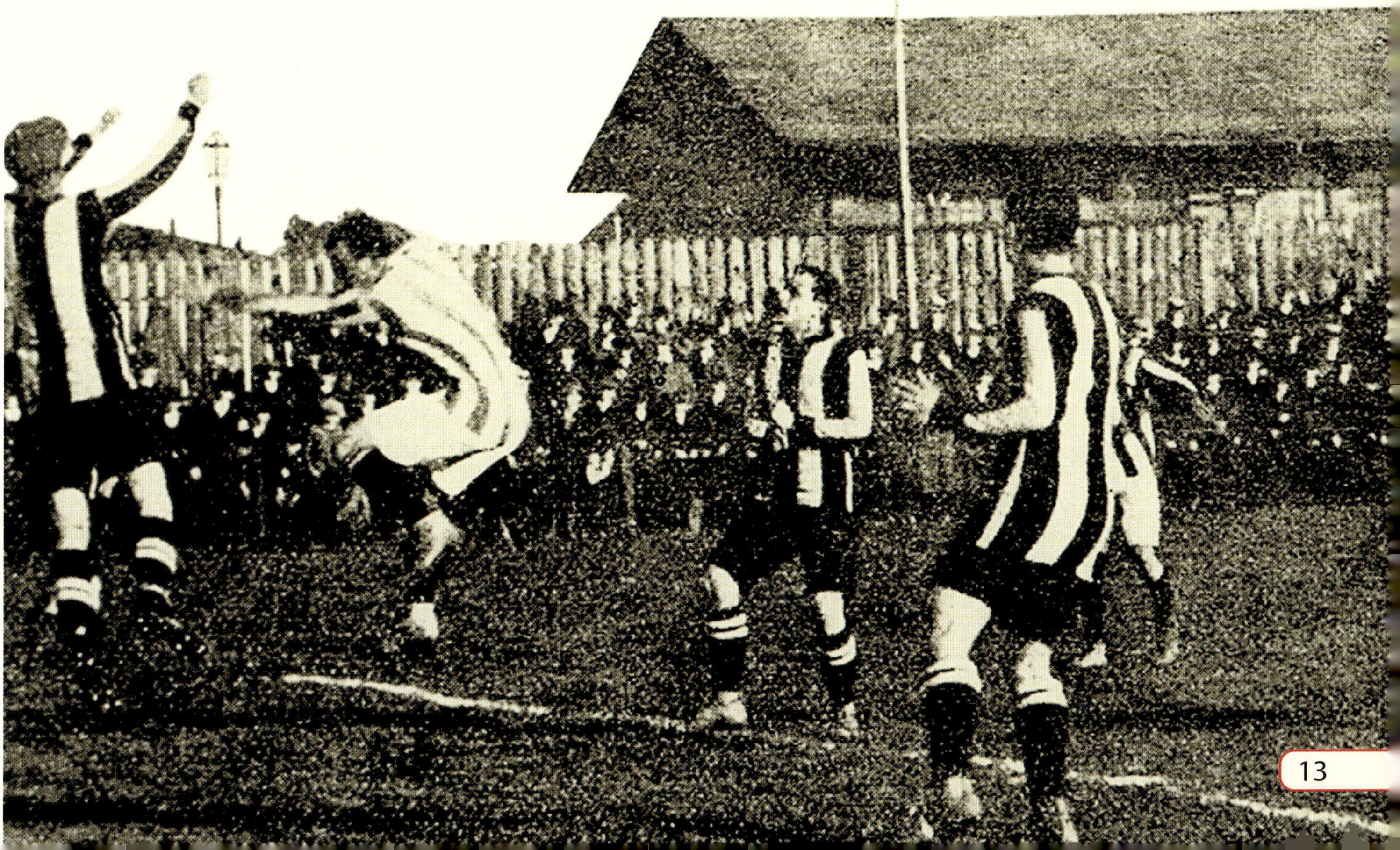

Kurt Landauer
Er war Sohn eines jüdischen Kaufmanns, Bayern-Mitglied seit 1901 und ab 1913/14 erstmals Vereinspräsident. 1919 übernahm er das Amt erneut, das er dann fast ununterbrochen 14 Jahre lang innehatte. Landauer sorgte für die Grundlage der ersten Bayern-Erfolge, indem er u. a. die Jugendarbeit förderte und den Spielern der 1. Mannschaft ein gutes Gehalt garantierte. Nachdem er von den Nazis 1933 vertrieben worden war, kam er nach dem Krieg wieder zurück und wurde im Juni 1947 erneut für vier Jahre zum Klubpräsidenten gewählt.

MIT BRITISCHEN TRAINERN ZUM ERFOLG

Seit 1907 hatte der FC Bayern gute Erfahrungen mit Trainern aus dem Mutterland des Fußballs gemacht. Im Frühjahr 1919 bekam der Verein nun mit dem englischen Ex-Profi William Townley (u. a. Blackburn Rovers), der 1914 die SpVgg Fürth zur Deutschen Meisterschaft geführt hatte, einen überragenden Fußballexperten als Trainer. Townley brachte den Bayern-Spielern bei, wie man den Ball mit kurzen, schnell und flach gespielten Pässen gefährlich vor das Tor des Gegners treiben kann. Für die ganz großen Erfolge reichte es noch nicht, aber immerhin war der FC Bayern nun in Südbayern die beste Mannschaft. Als 1925 der Schotte Jim McPherson das Training übernahm, lernten die „Rothosen" nun neben dem Spielen auch noch das Rennen, Kämpfen und Toreschießen. Am 11. April 1926 sicherten sich die Bayern erstmals die Süddeutsche Meisterschaft mit einem 4:3 im Endspiel gegen die SpVgg Fürth.

Im Lauf der Saison hatte der „Wundersturm" der Münchner sagenhafte 176 Tore erzielt! Doch trotzdem reichte es nicht für die erste Deutsche Meisterschaft: In der Endrunde war man zu siegessicher und scheiterte mit 0:2 an Fortuna Leipzig.

1932: DIE ERSTE MEISTERSCHAFT

Nach zwei weiteren Misserfolgen in der Endrunde war es 1932 unter dem neuen Trainer Richard „Little" Dombi, einem Wiener jüdisch-ungarischer Herkunft, endlich so weit: Der FC Bayern errang den deutschen Meistertitel! Und das noch vor den starken Gegnern aus München – Wacker und 1860 –, die ebenfalls zur deutschen Spitzenklasse zählten! Das Geheimnis des Erfolgs: Die Bayern konnten nun nicht nur spielen, rennen, kämpfen und Tore schießen –

1928 wurde der FC Bayern zum zweiten Mal Süddeutscher Meister.

sie wussten jetzt auch noch, wie man Tore verhindert. Die Mannschaft spielte aus einer sicheren Abwehr heraus ruhig und zielstrebig nach vorn. Im Halbfinale schalteten coole Bayern die damalige Supermannschaft des 1. FC Nürnberg aus (2:0), und im Endspiel, das in Nürnberg stattfand, gab es einen verdienten 2:0-Erfolg gegen Eintracht Frankfurt. Die Tore erzielten die Stürmer „Ossi" Rohr (durch Elfmeter) und Franz Krumm.

Fußball im Krieg

Am 1. September 1939 begann der Zweite Weltkrieg mit dem Angriff der deutschen Wehrmacht auf Polen. Fast alle Fußballspieler wurden nun in die Hitler-Armee einberufen. Kaum ein Verein konnte mehr eine komplette Mannschaft aufstellen. So kam es, dass die Vereine vorübergehend „gemischt" wurden – und Spieler des FC Bayern und des TSV 1860 in derselben Elf aufliefen.

Eines der 243 Bayern-Mitglieder, die sich 1939/40 eine Uniform anziehen mussten, war der Verteidiger Jakob Streitle.

Die erste Bayern-Meisterfeier mit dem damaligen Pokal, der Viktoria.

später in die Schweiz, genauso wie der Erfolgstrainer Dombi und der Torjäger „Ossi" Rohr. So war es kein Wunder, dass dem FC Bayern sportlich nicht mehr viel gelang. Der beste Fußball in Deutschland wurde nun im Ruhrgebiet gespielt: in Gelsenkirchen, vom FC Schalke 04.

KEINE BAYERN-ERFOLGE UNTER HITLER

Nach der Machtergreifung der Nationalsozialisten unter ihrem „Führer" Adolf Hitler am 30. Januar 1933 wurde der gesamte deutsche Sport umgekrempelt. Jüdische Mitglieder wurden aus den Vereinen ausgeschlossen. Den FC Bayern, dessen Entwicklung jüdische Bürger maßgeblich beeinflusst hatten, traf es besonders schlimm. Der langjährige Vereinsvorsitzende Kurt Landauer, der Jude war, musste sein Amt niederlegen und war zeitweise im KZ Dachau inhaftiert. Er floh

Endspiel 1932: das 1:0 von Bayern-Stürmer „Ossi" Rohr.

DIE BESTEN DER BAYERN
DIE ERSTEN STARS

Neben dem zuverlässigen Linksverteidiger **Emil Kutterer** galten insbesondere **Josef Pöttinger** und **Ludwig Hofmann** als die großen Stars der Bayern in den 1920er Jahren. Pöttinger, ein waschechter Münchner aus dem Stadtteil Neuhausen, war ein äußerst treffsicherer und trickreicher Stürmer. In der Saison 1925/26, als der FC Bayern die Süddeutsche Meisterschaft gewann, schoss er 57 Tore. „Wiggerl" Hofmann, ein Supertechniker auf Linksaußen, glänzte mit einem besonderen Trick: Er zog sich den rechten Schuh über den linken Fuß, um den Ball besser anschneiden zu können. Leider verpassten Kutterer, Pöttinger und Hofmann, die alle regelmäßig in der Nationalmannschaft spielten, den Triumph der ersten Bayern-Meisterschaft.

DIE MEISTERELF VON 1932

Die Abwehr mit den Nationalspielern **Sigmund Haringer** und **Conrad Heidkamp** zählte zum Besten, was es zu dieser Zeit in Deutschland gab. Kapitän Heidkamp blieb bis 1944 ein wichtiger Spieler des FC Bayern.
Die Positionen der Außenläufer waren mit unterschiedlichen Typen besetzt. Rechts überzeugte **Robert „Pius" Breindl** mit unermüdlicher Kampfkraft, links beeindruckte **Ernst Nagelschmitz** mit hervorragender Technik. Als Mittelläufer schaltete und waltete der außergewöhnlich zweikampfstarke Kopfball-Experte **Ludwig „Lutte" Goldbrunner**. Den rechten

Flügel bildeten der trickreiche **Franz Krumm** und der schussstarke Dribbler **Josef Bergmaier**, links stürmten **Hans Schmid** und der aus der Bayern-Jugend hervorgegangene **Hans Welker**. Ein besonders interessanter Mann spielte vorne in der Mitte: **Oskar „Ossi" Rohr**. Der 1930 vom VfR Mannheim gekommene Mittelstürmer blieb nur 16 Monate in München, erzielte aber in dieser Zeit über 30 Tore. 1933 verließ der viermalige Nationalspieler Deutschland. Bei Racing Straßburg in der französischen Liga verdiente er später viel Geld. In Deutschland galt er nun als „Fahnenflüchtiger" und „Gladiator, der sich im Ausland verkauft" – und wurde nie mehr zu einem Länderspiel eingeladen.

Josef Pöttinger

Herrgottsakra
In den 1930er Jahren war „Lutte" Goldbrunner Stammspieler in der Nationalmannschaft (39 Länderspiele) und galt als einer der besten Mittelläufer Europas. Kaum ein Mittelstürmer hatte eine Chance gegen ihn – bis auf den Italiener Piola. „Der ist mir einige Male auskommen, Herrgottsakra", ärgerte er sich.

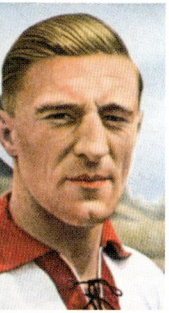

Ludwig Goldbrunner, Hans Welker, Franz Krumm, Emil Kutterer,
Ernst Nagelschmitz, Wilhelm „Schimmy" Simetsreiter, Ludwig Hofmann

Oskar Rohr

Meister-Aufstellung

In den 1920er und 1930er Jahren waren die Fußballteams sehr offensiv aufgestellt. Man spielte mit nur zwei Verteidigern, aber fünf Stürmern (zwei Außenstürmer, zwei Halbstürmer, ein Mittelstürmer). Wichtigster Mann war der Mittelläufer als zentraler Ballverteiler.

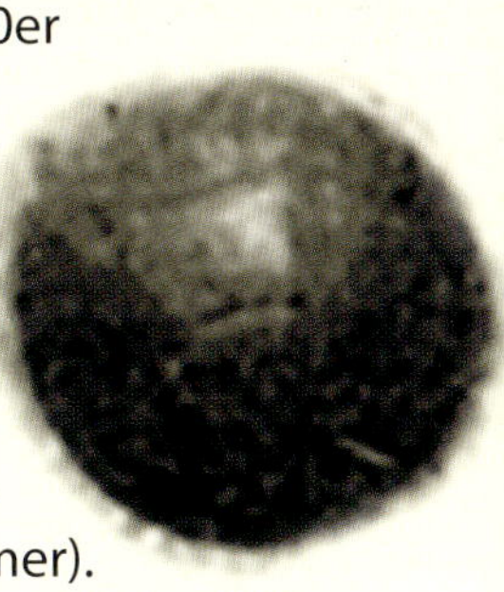

Die Aufstellung des Meisterteams im Finale am 12. Juni 1932:

Bergmaier Krumm Rohr Schmid Welker

Breindl Goldbrunner Nagelschmitz

Haringer Heidkamp

Lechler

Josef Bergmaier

An der Grünwalder Straße drängen sich die Menschen auch auf den zerstörten Hausdächern in der Nachbarschaft.

Spiele im zerstörten Stadion

Während der Kriegsjahre von 1939 bis 1945 konnte nur mit Mühe und Not weiter gespielt werden. Nachdem das Grünwalder Stadion bei einem Luftangriff zerstört worden war, mussten die Bayern in das Dantestadion ausweichen. Trotz der traurigen Umstände gelang es ihnen, dort 1944 den Meistertitel im Gau Südbayern zu erringen. Als nach dem Krieg die neue Oberliga Süd geschaffen wurde, zog man wieder in die Grünwalder Straße um – obwohl das Stadion immer noch deutlich von den Spuren der Zerstörung gezeichnet war.

Die Oberliga Süd und der erste Pokalsieg

In den Jahren nach dem Krieg hatten die Bayern zunächst keine ganz großen Erfolge mehr. Der Bayern-Sturm, der über Jahrzehnte ein Markenzeichen der Münchner war, schoss nicht mehr so viele Tore wie früher. Außerdem war die Abwehr oft löchrig wie ein Schweizer Käse: Allein in der Saison 1949/50 kassierte man 70 Gegentreffer! Im Spieljahr 1954/55 folgte dann sogar die große Katastrophe: Der FC Bayern stieg mit 15:45 Punkten als Letzter der Oberliga ab in die 2. Liga Süd. Erstmals in seiner Vereinsgeschichte war der FC Bayern zweitklassig! „Sofortiger Wiederaufstieg!" hieß die Forderung der Fans, und die Spieler erfüllten sie. Sogar mehr als das. Völlig überraschend gewannen die Bayern nur ein Jahr nach dem Wiederaufstieg erstmals den DFB-Pokal. Am 29. Dezember 1957 besiegten sie im Endspiel den haushohen Favoriten Fortuna Düsseldorf mit 1:0. Leider war es nur ein kurzer Höhenflug. In der Oberliga Süd zählten die „Rothosen" auch in den folgenden Jahren nur selten zur Spitzenklasse.

Oberliga-Fußball in der Nachkriegszeit: hier der FC Bayern gegen den BC Augsburg.

Die Pokalsieger-Mannschaft von 1957.

In der Aufstiegsrunde zur Bundesliga gewann der FC Bayern gleich das erste Spiel gegen Tennis Borussia Berlin mit 2:0.

DER AUFSTIEG IN DIE BUNDESLIGA

Als 1963 aus den besten deutschen Vereinen die Bundesliga gebildet wurde, waren die Bayern nicht dabei. Es durften nur die Klubs in der Bundesliga spielen, die in den zurückliegenden Jahren die besten Ergebnisse erzielt hatten. Das waren aus der Oberliga Süd der 1. FC Nürnberg, Eintracht Frankfurt, der VfB Stuttgart, der Karlsruher SC und aus München der TSV 1860. Der FC Bayern musste in die damalige 2. Liga, die Regionalliga. Unter dem neuen Trainer „Tschik" Cajkovski, der ein Team aus jungen Talenten zusammenstellte, gelang dann 1964/65 in der Regionalliga Süd ein unglaublicher Sturmlauf: 146 Saisontore (in 36 Spielen) sind ein bis heute unerreichter Rekord! 33 Tore schoss allein der erst 19 Jahre alte Mittelstürmer Gerd Müller.

In den anschließenden Spielen der Aufstiegsrunde gegen Tennis Borussia Berlin, den 1. FC Saarbrücken und Alemannia Aachen setzten sich die „Rothosen" dann mit 18:3 Toren ebenfalls mühelos durch. Die große Erfolgsgeschichte der Bayern konnte nun beginnen.

Als Geschenk zum Aufstieg in die Oberliga 1956 erhielt jeder Bayern-Spieler einen Hut.

DIE BESTEN DER BAYERN
DIE OBERLIGA-STARS

Der bewährte Verteidiger und Mittelläufer **Jakob Streitle** war bereits 1935 in der 1. Mannschaft der Bayern und auch nach dem Zweiten Weltkrieg noch für viele Jahre ein Führungsspieler. **Herbert Moll**, ein groß gewachsener Mittelfeldspieler, galt in den 1940er Jahren als Vorbild an Einsatz und Fairness. **Gerhard Siedl**, ein trickreicher Torjäger, zählte in den 1950er Jahren zu den besten Stürmern im deutschen Fußball. Der Linksverteidiger **Hans Bauer** war zwischen 1948 und 1959 der Rekordspieler des FC Bayern in der Oberliga Süd (226 Einsätze), 1957 war er Kapitän der Pokalsieger-Mannschaft. Bauer kam bei der WM 1954 zweimal zum Einsatz. Der Mittelfeldspieler **Karl Mai**, der 1958 von der SpVgg Fürth zum FC Bayern wechselte, durfte sich wirklich Weltmeister nennen: Er stand auch im Endspiel (3:2 gegen Ungarn) auf dem Platz. Ein Mann mit dem schönen Namen **Adolf Kunstwadl** war zwischen 1961 und 1965 Stammspieler in der Abwehr des FC Bayern. Der Linksaußen **Dieter „Mucki" Brenninger** war sehr torgefährlich: 24 Treffer erzielte er allein in der Regionalligasaison 1963/64. Auch nach dem Bundesliga-Aufstieg 1965 blieb er ein torgefährlicher Mann mit einer tollen Trefferquote. **Werner Olk**, Abwehrspieler und Kapitän der Jahre 1965 bis 1970, wurde wegen seiner akrobatischen Flugeinlagen im eigenen Strafraum auf den Namen „Adler von Giesing" getauft. **Peter Kupferschmidt** war zwar oft nervös und wurde deswegen von seinen Mitspielern „Psycho" genannt; trotzdem kam an dem Verteidiger kaum ein Gegner vorbei. Der gutaussehende Dribbelkünstler **Rudolf Nafziger** war einer der ersten Bayern-Spieler, der die Mädchen zum Schwärmen brachte. **Rainer Ohlhauser** erwies sich in den Zeiten der Ober- und Regionalliga als unglaublich treffsicherer Stürmer. Allein in der Aufstiegssaison 1964/65 erzielte er 42 Tore (in 36 Spielen!).

Brenninger, Olk, Kupferschmidt, Nafziger und Ohlhauser standen 1967 auch in jener Mannschaft, die den Europapokal der Pokalsieger gewann – zusammen mit drei jungen Spielern, die heute jeder kennt: Sepp Maier, Franz Beckenbauer und Gerd Müller.

Der „alte" Jakob Streitle übergibt den Ball an den jungen Hans Bauer. Titelbild des kicker *aus dem Januar 1952. Die Bayern waren damals berühmt für ihre guten Verteidiger.*

Autogrammkarten der Oberliga-Stars (von oben):
Rudolf Nafziger, Werner Olk, Peter Kupferschmidt,
Dieter Brenninger, Rainer Ohlhauser, Adolf Kunstwadl
Bild Mitte: Herbert Moll

DAS GOLDENE ZEITALTER
Der FC Bayern 1966 - 1976

Deutscher Meister 1969, 1972, 1973, 1974

DFB-Pokalsieger 1966, 1967, 1969, 1971

Sieger im Europapokal der Landesmeister
1974, 1975, 1976

Sieger im Europapokal der Pokalsieger 1967

Weltpokalsieger 1976

1967: TRIUMPH IM EUROPAPOKAL DER POKALSIEGER

Die Bayern-Mannschaft vor dem Europapokal-Finale 1967 (1:0 gegen Glasgow Rangers).

In ihrer ersten Bundesligasaison 1965/66 spielte die junge Bayern-Mannschaft, in der inzwischen neben Torwart Sepp Maier und Torjäger Gerd Müller auch der junge Franz Beckenbauer einen Stammplatz hatte, auf Anhieb toll auf. Sie erzielte 71 Tore und landete am Ende auf dem dritten Platz. Noch erfolgreicher war das Team im Pokalwettbewerb. Dortmund, Braunschweig, Köln, Hamburg und Nürnberg wurden alle besiegt. Im Finale gelang vor 60.000 Zuschauern im Frankfurter Waldstadion ein 4:2 nach Verlängerung gegen

den MSV Duisburg. Damit waren die Bayern für den Europapokal der Pokalsieger qualifiziert. Und tatsächlich holten sie auch diesen Pokal: Nachdem sie Tatran Prešov, Shamrock Rovers, Rapid Wien und Standard Lüttich ausgeschaltet hatten, warteten im Finale die Glasgow Rangers. Vor 70.000 Zuschauern in Nürnberg stand es nach 90 Minuten immer noch 0:0. In der 108. Minute der Verlängerung erzielte „Bulle" Roth das entscheidende 1:0 für den FC Bayern.

Nach dem Gewinn des Europapokals wird Trainer Cajkovski auf Händen getragen.

Oben: Gerd Müller, Dieter Brenninger und „Katsche" Schwarzenbeck feiern den DFB-Pokalsieg 1969. Rechts: Unter Cajkovski trainierten die Bayern ihre Technik unter anderem dadurch, dass sie statt auf Fußballtore auf Basketballkörbe spielten.

WEITERE POKALE

Ihr erster Titel im Europapokal war den Bayern noch nicht genug. Nur wenige Tage nach dem Sieg gegen Glasgow standen sie schon wieder im Endspiel des DFB-Pokals. Diesmal hieß der Gegner Hamburger SV, das Ergebnis lautete 4:0. Den Europapokal der Pokalsieger gewann das Team um Maier, Beckenbauer und Müller dann zwar nicht mehr, aber im deutschen Pokalwettbewerb blieb es weiter erfolgreich: Im Finale 1968/69 gab es ein 2:1 gegen Schalke 04, 1970/71 folgte ein 2:1-Endspielsieg gegen den 1. FC Köln. Innerhalb von sechs Jahren hatten die Bayern damit viermal den deutschen Pokal gewonnen!

DIE ERSTEN ERFOLGSTRAINER

Der Stil der Bayern wandelte sich in diesen wenigen Jahren auf erstaunliche Art und Weise. Unter dem immer gut gelaunten „Tschik" Cajkovski, der bis 1968 Trainer war, spielte die Mannschaft einen wilden Angriffsfußball. Das Motto lautete: „Hoch gewinnen oder untergehen". Sein brummeliger Nachfolger Branko Zebec, Trainer bis 1970, setzte auf Disziplin und kontrolliertes Spiel. Das Motto lautete nun: „Nicht die Schönheit zählt, sondern vor allem der Sieg." Die Mannschaft spielte jetzt auch in der Bundesliga beständiger. Sicher war es kein Zufall, dass der FC Bayern erst unter Zebec, nämlich in der Saison 1968/69, seine erste Meisterschaft in der Bundesliga errang. Zuvor hatte es zwar immer wieder hohe Siege gegeben, aber auch deftige Niederlagen.

Aufstellung Europapokal-Finale 1967

Die Aufstellung der Bayern im Finale des Europapokals der Pokalsieger am 31. Mai 1967:

Der Finalgegner 1967: die Glasgow Rangers aus Schottland

Nafziger Ohlhauser Müller Brenninger

Roth Koulmann

Nowak Beckenbauer Olk Kupferschmidt

Maier

Fußballerweisheiten

Gerd Müller: „Wennst denkst, ist's eh zu spät."
Sepp Maier: „Ein Torhüter muss Ruhe ausstrahlen. Er muss aber aufpassen, dass er dabei nicht einschläft."
Franz Beckenbauer: „Man kann jedes Spiel gewinnen, man kann auch jedes Spiel verlieren."

Mehrfach Meister in der Bundesliga

Das neue Olympiastadion
Am 28. Juni 1972, dem letzten Spieltag der Saison, fand im gerade erst eröffneten Olympiastadion vor fast 80.000 Zuschauern eine Art Endspiel statt: Die Bayern spielten ihren schärfsten Konkurrenten Schalke 04 schwindlig und gewannen mit 5:1.

In der Saison 1967/68 hatten die Bayern zwar 68 Tore geschossen, aber auch 58 kassiert. Mehr als ein fünfter Platz war da nicht drin. 1968/69, in der ersten Saison unter Branko Zebec, lautete die Bilanz 62:31 Tore. Am Ende wurden die Bayern mit einem großen Vorsprung vor Alemannia Aachen erstmals in der Bundesliga Deutscher Meister! Den größten Anteil am Erfolg hatte Gerd Müller, der allein 30 Tore schoss. Danach hieß die Mannschaft der Stunde Borussia Mönchengladbach (Deutscher Meister 1970 und 1971). Schließlich aber kamen die Bayern unter Udo Lattek auf die Überholspur. Der neue Trainer ergänzte die Mannschaft mit jungen und ehrgeizigen Nachwuchsspielern wie Paul Breitner und Uli Hoeneß. Und er verstand es, die inzwischen als Stars gefeierten Bayern-Kicker an der langen Leine zu führen. Die Mannschaft funktionierte und spielte nicht nur im Pokal, sondern auch in der Bundesliga fast immer erfolgreich. Dreimal in Folge – 1972, 1973 und 1974 – errang Lattek mit seiner Mannschaft den Meistertitel. Unerreicht ist bis heute der Rekord der Bayern in der Saison 1971/72: Sie erzielten 101 Tore – 40 davon (in 34 Spielen!) gingen auf das Konto von Gerd Müller.

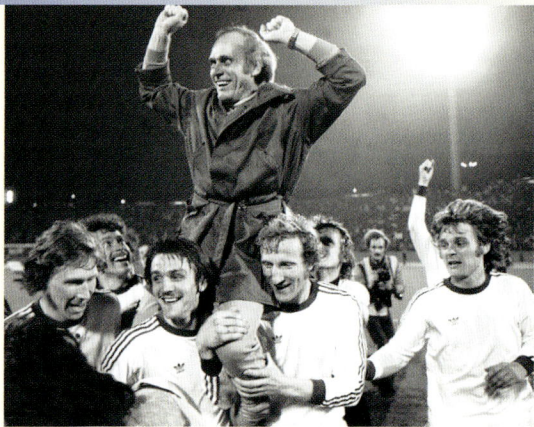

Vater des Bayern-Erfolgs: Trainer Udo Lattek.

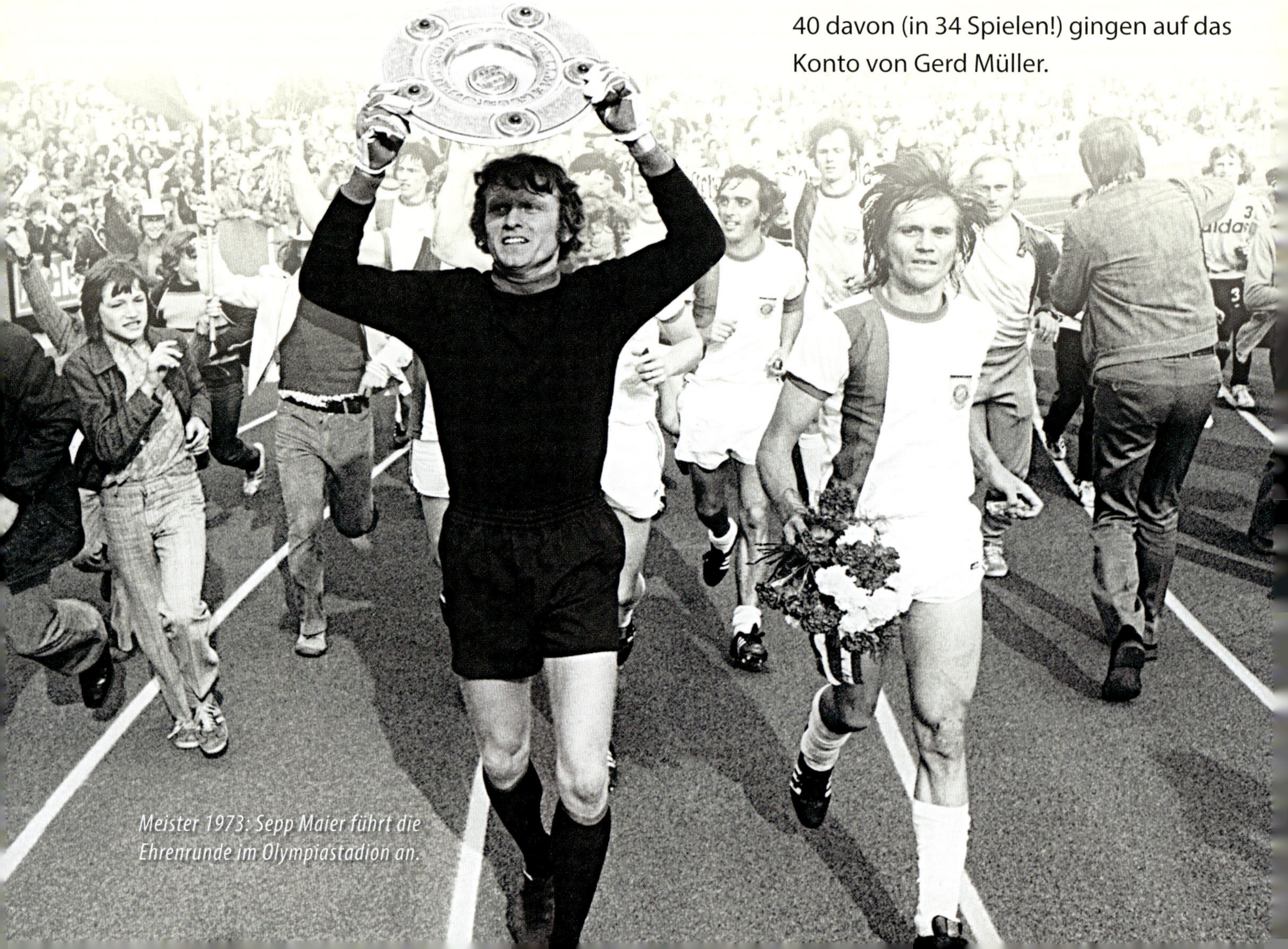

Meister 1973: Sepp Maier führt die Ehrenrunde im Olympiastadion an.

DIE BAYERN UND DIE „FOHLEN"

Von 1968/69 bis 1976/77 machten ganze zwei Vereine die Meisterschaft unter sich aus: Bayern München und Borussia Mönchengladbach. Die Gladbacher Borussen wurden wegen ihrer Jugend auch „Fohlen" genannt und waren noch erfolgreicher als der FC Bayern: Während die Bayern vier Meistertitel erreichten, schafften die Borussen sogar fünf. Angeblich haben die „Fohlen", bei denen Günter Netzer die Regie führte, einen schöneren und offensiveren Fußball gespielt als die „Rothosen" aus München. Das kann aber nicht ganz stimmen: In diesen neun Jahren gewannen die Bayern zwar einen Titel weniger, schossen aber insgesamt 715 Tore – die Gladbacher dagegen „nur" 676. Richtig ist dagegen, dass die „Fohlen" international weniger erfolgreich waren. Sie gewannen nur im UEFA-Pokal (heute Europa League) zwei Titel. Die Bayern hingegen konnten ihre Erfolge in der Bundesliga mit dem Europapokal der Landesmeister krönen.

Rekordtransfer
Nachdem die Bayern 1972 die Spitze des deutschen Fußballs erreicht hatten, konnten sie es sich nun erstmals auch leisten, teure Stars zu verpflichten: Vor der Saison 1973/74 kam für die damalige Rekordablösesumme von 800.000 DM (400.000 Euro) Jupp Kapellmann vom 1. FC Köln.

Die Kapitäne und Spielgestalter der beiden besten Teams der 1970er Jahre: Franz Beckenbauer und Günter Netzer.

Der FC Bayern gewinnt erstmals den Europapokal der Landesmeister.

1974: Der erste Triumph im Europapokal der Landesmeister

Anfang der 1970er Jahre hieß das beste Team Europas Ajax Amsterdam. Die Kicker aus der Hauptstadt der Niederlande hatten 1971 bis 1973 dreimal hintereinander den Europapo-kal der Landesmeister gewonnen. Die Bayern waren bis dahin in diesem Wettbewerb stets gescheitert, wobei das 0:4 gegen Ajax am 7. März 1973 besonders bitter war. Noch im sel-ben Jahr aber begannen die Bayern einen neuen Angriff auf die Spitze in Europa – und dieses Mal mit Erfolg. Åtvidabergs FF, Dyna-mo Dresden, ZSKA Sofia und Újpest Budapest konnten besiegt werden. Am 15. Mai 1974 fand das Finale im Heysel-Stadion von Brüssel statt, der Gegner hieß Atlético Madrid.

Im Spiel trumpften die Spanier vor allem in der zweiten Halbzeit unerwartet stark auf. Nur mit Glück und dank dem Können von Beckenbau-er und Maier konnten die Bayern das 0:0 in die Verlängerung retten. Als Atléticos Mittelfeld-spieler Luis Aragonés nach 114 Minuten einen Freistoß an Sepp Maier vorbei ins Netz zirkel-te, schien das Spiel gelaufen. Doch dann kam die 120. Minute, die letzte Minute der Verlän-gerung: Ein Fehlpass der Spanier landete bei

Der Finalgegner 1974: Atlético Madrid aus Spanien.

Georg Schwarzenbeck; der fand keine Anspielstation und zog aus 30 Metern einfach mal ab – und traf zum 1:1-Aus-gleich. Es war das erste Europapokal-Tor des kantigen Vorstoppers überhaupt.

Da Endspiele damals noch nicht durch Elfmeterschießen entschieden wurden, mussten beide Teams nur zwei Tage später, wieder in Brüssel, zu einem Wie-derholungsspiel antreten. Diesmal wa-ren die Bayern stärker. Die Elf von Atlé-tico, in der viele ältere Spieler standen, war konditionell überfordert. Vor al-lem Torjäger Gerd Müller und der pfeil-schnelle Uli Hoeneß hatten einen gro-ßen Tag und erzielten je zwei Tore. Das 4:0 war ein grandioser Sieg, der auch in dieser Höhe verdient war.

Die Aufstellung der Bayern im Europapokal-Finale am 17. Mai 1974

SPIONE GEGEN DIE BAYERN

Anfang der 1970er Jahre herrschte noch der Kalte Krieg zwischen den Westmächten unter Führung der USA und dem Ostblock unter Führung der damaligen Sowjetunion. Die Grenze verlief mitten durch Deutschland, das in West- (BRD) und Ost-Deutschland (DDR) geteilt war. Vor dem Europapokal-Rückspiel am 7. November 1973 in Dresden gegen den DDR-Vertreter Dynamo war man bei den Bayern sehr verunsichert. Es gab Gerüchte, dass westdeutsche Spieler in der „Ostzone" bespitzelt oder gar vergiftet werden könnten. Der Bayern-Präsident Wilhelm Neudecker entschloss sich daher, seine Mannschaft nicht in dem bereits gemieteten Hotel Newa in Dresden übernachten zu lassen, sondern in der grenznahen westdeutschen Stadt Hof. Besonders die 3.000 Fußballfans in Dresden, die stundenlang vor dem Hotel froren, um die berühmten Bayern begrüßen zu können, waren maßlos enttäuscht.

Die Entscheidung Neudeckers war übertrieben, doch nicht ganz grundlos. Vergiften wollte die Bayern zwar niemand, von der DDR-Staatssicherheit überwacht wurden sie aber schon. Deren Techniker hatten den Salon im Hotel Newa, in dem die Bayern zwar nicht übernachteten, wo aber Bayern-Trainer Udo Lattek die Mannschaftsbesprechung abhielt, mit Abhörwanzen versehen. Die Spione notierten sich die Aufstellung und übergaben sie Walter Fritzsch, dem Trainer der Dresdner. Die Dynamos aus Dresden waren also vor dem Anpfiff gut informiert. Genutzt hat es freilich nicht viel. Gleich zu Beginn des Spiels lief Uli Hoeneß seinem Gegenspieler Eduard Geyer zweimal davon und brachte die Bayern mit 2:0 in Führung. Das Spiel endete schließlich 3:3. Somit war Bayern nach dem 4:3 im Hinspiel eine Runde weiter.

Mit dieser seltsamen Begründung rechtfertigte Präsident Neudecker seine Entscheidung, das Bayern-Team in Hof und nicht in Dresden übernachten zu lassen: „Der Höhenunterschied zwischen München und Dresden könnte leistungshemmend sein, und vielleicht reichen zwei Tage nicht aus, um sich zu akklimatisieren."

Achtelfinale im Europapokal 1973/74: Bayern spielt in Dresden 3:3.

BAYERN-KRISE IN DER BUNDESLIGA

Nur wenige Wochen nach dem Europapokalsieg durften sich sechs Münchner Spieler (Maier, Beckenbauer, Schwarzenbeck, Breitner, Hoeneß und Müller), die 1972 bereits den Europameister-Titel gewonnen hatten, nun auch „Weltmeister" nennen. Breitner und Müller steuerten zum 2:1-Sieg im WM-Finale gegen die starken Niederländer die Tore bei. Die Besten der Bayern hatten nun alles erreicht, was man als Fußballspieler gewinnen kann. Da war es eigentlich verständlich, dass ihre Leistungen in der nächsten Bundesligasaison nachließen. Es geschah dann, was in solchen Situationen meist geschieht: Es kam zu einem Trainerwechsel. Im Januar 1975 wurde Udo Lattek von Dettmar Cramer abgelöst. Er übernahm die Mannschaft auf einem für Bayern-Verhältnisse katastrophalen 14. Tabellenplatz. Doch auch Cramer gelang es nicht, die Bayern in der Bundesliga auf die Erfolgsspur zurückzuführen. Am Ende kam noch Rang zehn heraus. In den folgenden beiden Spielzeiten schafften es die Bayern ebenfalls nicht, an die Spitze zu gelangen. Aber es gab ja noch den Europapokal!

Nachdem der kleine Dettmar Cramer zweimal die Krone Europas geholt hatte, ließ er sich als Napoleon fotografieren.

Die Gegner in den Endspielen 1975 und 1976: Leeds United aus England und St. Etienne aus Frankreich.

DIE EUROPAPOKAL-SIEGE 1975 UND 1976

Während die Bayern, mittlerweile verstärkt mit Karl-Heinz Rummenigge, in der Bundesliga im Mittelfeld herumdümpelten, kickten sie in Europa weiterhin erfolgreich. Im Wettbewerb 1974/75 schalteten sie den 1. FC Magdeburg, Ararat Eriwan und St. Etienne aus und trafen im Finale am 28. Mai 1975 in Paris auf Leeds United. Es war eines der hässlichsten Endspiele in der Geschichte des Europapokals. Die Engländer begingen ein Foul nach dem anderen. Uli Hoeneß wurde so schwer am Knie verletzt, dass er in den folgenden Jahren nie mehr zu alter Stärke zurückfand. Am Ende besiegten geduldig spielende Bayern die Treter aus Leeds durch Tore von Franz „Bulle" Roth und Gerd Müller mit 2:0. Die Bayern hatten damit ihren Titel verteidigt und durften, obwohl sie in der Bundesliga nur im Mittelfeld gelandet waren, als Titelverteidiger auch im Jahr darauf wieder am Europapokal der Landesmeister teilnehmen.

Feiern nach dem Finale gegen Leeds.

Maier und Hansen nach dem dritten Europapokalsieg 1976.

Im Wettbewerb 1975/76 hießen die Gegner Jeunesse Esch, Malmö FF, Benfica Lissabon sowie im Halbfinale Real Madrid. Während der Deutsche Meister Borussia Mönchengladbach im Viertelfinale gegen die Spanier aus Madrid ausgeschieden war, kamen die Bayern nach einem 1:1 im Hinspiel durch einen 2:0-Heimsieg weiter. Im Finale gab es ein knappes 1:0 gegen den französischen Vertreter St. Etienne, wieder einmal erzielt durch „Bulle" Roth. Auch wenn sie in der Bundesliga nicht toll spielten und ihre Siege im Europapokal knapp und nicht immer schön anzuschauen waren – die Bayern durften sich nach drei Europapokal-Siegen in Folge nun mit Recht als das beste europäische Team betrachten.

ENDE EINER GLANZZEIT

Der Niedergang der großen Bayern-Mannschaft lässt sich an einigen Ergebnissen der Saison 1976/77 ablesen. Am 6. Spieltag lagen die Bayern in Bochum mit 0:4 zurück. Aber sie hatten die Kraft, sich gegen die Niederlage zu stemmen. Innerhalb von 20 Minuten schossen sie fünf Tore! Endstand 6:5 für Bayern. Dann

aber folgten schlimme Niederlagen. 9. Spieltag: Bayern München – Schalke 04 0:7. 28. Spieltag: Hamburger SV – Bayern München 5:0. 30. Spieltag: 1. FC Saarbrücken – Bayern München 6:1. Immerhin beendeten die Bayern diese Saison der schlimmen Niederlagen noch auf dem siebten Platz. Aber die Mannschaft brach auseinander. Nach dieser Saison verabschiedete sich Franz Beckenbauer und ging in die USA. Ohne ihren überragenden Kapitän verlor die Mannschaft noch häufiger. In der Saison 1977/78 musste Trainer Dettmar Cramer nach sechs Niederlagen in Folge gehen. Sein Nachfolger Gyula Lorant konnte zwar den Abstieg verhindern, aber mit dem zwölften Platz, den die Bayern am Ende in der Bundesliga einnahmen, war natürlich trotzdem niemand zufrieden.

Weltpokal
Der Weltpokal wird zwischen dem jeweils Besten aus Europa und Südamerika ausgespielt und ist ein nicht ganz so wichtiger Titel. Die Bayern freuten sich trotzdem, als sie ihn 1976 in zwei Spielen (2:0, 0:0) gegen den brasilianischen Verein Belo Horizonte erstmals gewinnen konnten.

Franz Beckenbauer spielte 1977 zum letzten Mal für die Bayern.

DIE BESTEN DER BAYERN
DIE STARS DER 1970er JAHRE (1)

Die aus den drei Weltklasse-Spielern Maier – Beckenbauer – Müller (Torwart, Libero, Mittelstürmer) bestehende zentrale Achse war der Erfolgsgarant des großen Bayern-Teams, das Mitte der 1970er Jahre den Fußball in Europa beherrschte.

Franz Beckenbauer kam 1964 als 13-Jähriger zu den Bayern. Der Junge aus Giesing galt anfangs als Stürmer, wurde dann aber im Defensivbereich eingesetzt. In den zwölf Jahren beim FC Bayern gewann Beckenbauer jeden Titel, den ein Fußballer erringen kann. Wegen seiner ausgezeichneten Balltechnik sah er immer elegant aus und erweckte den Eindruck, dass er sich auf dem Platz nie anstrengen müsse. Deshalb wurde er bald ehrfürchtig „Kaiser" genannt. Manche wollten aber lieber Kampf und Schweiß sehen und kritisierten ihn ge-

rade wegen dieser lässigen und manchmal überheblich wirkenden Spielweise. Der Erfolg sprach freilich immer für ihn. Beckenbauer war der erste Fußballer in Deutschland, der mehr als 100 Länderspiele erreichte. Im Mai 1977 wechselte er für viel Geld zu Cosmos New York, wo er unter anderem mit Pelé kickte, dem großen Star Brasiliens. 1980 hatte er beim Hamburger SV ein kurzes Comeback in der Bundesliga. Nach seiner Spielerkarriere war er auch als Trainer mit der Nationalmannschaft (WM-Titel 1990), Olympique Marseille und dem FC Bayern erfolgreich. Der Ex-Präsident des FC Bayern (1994 – 2009) ist heute auf der ganzen Welt so berühmt wie kein anderer Deutscher und gilt als einer der besten Fußballer aller Zeiten.

Ursprünglich hatte der vom TSV Haar gekommene **Sepp Maier** Schauspieler werden wollen, dann aber machte er ab 1962 das Bayern-Tor zu seiner Bühne. Maier galt als sehr geschmeidiger Torhüter und wurde nach seinem Heimatort als „Katze von Anzing" bezeichnet. Der Torwart, der sich oft noch eine halbe Stunde vor Spielbeginn am Stadionkiosk eine Leberkäs-Semmel gönnte, war nicht nur ein super Ballfänger, sondern auch ein Clown, der ständig Witze machte. 17 Jahre lang hütete er den Kasten des FC Bayern, bei vier Weltmeisterschaften stand er im Tor der Nationalelf. Sein Traum von einer fünften

Franz Beckenbauer 1972

Sepp Maier jagte nicht nur Bälle und Enten, sondern gelegentlich auch Luftballons.

ern 585 Pflichtspiele, in denen er 533 Tore erzielte. Seine Bilanz in der Nationalmannschaft wird mit Sicherheit für alle Ewigkeiten unübertroffen sein: 68 Tore schaffte er als „Bomber der Nation" in nur 62 Spielen! Er beendete seine Karriere in den USA bei den Fort Lauderdale Strikers. Seit 1992 ist der beste Torjäger aller Zeiten bei den Bayern im Nachwuchs- und Amateurbereich tätig.

Ente

Manchmal fing Sepp Maier keine Bälle, sondern jagte andere Flugobjekte wie Luftballons oder Enten. Im Mai 1976 watschelte eine Ente während des Bundesligaspiels der Bayern gegen den VfL Bochum durch den Strafraum der Münchner. Sepp Maier pirschte sich heran, hechtete akrobatisch – aber die Ente war nicht zu halten.

WM-Teilnahme wurde am 14. Juli 1979 durch einen schweren Autounfall zerstört, der das Ende seiner Karriere bedeutete. Maier eröffnete ein Tenniszentrum in Anzing, daneben war er als Torwarttrainer der Nationalmannschaft und des FC Bayern tätig.

Als **Gerd Müller**, der Torjäger des TSV Nördlingen, 1964 nach München kam, war Trainer Tschik Cajkovski nicht begeistert. „Was soll ich mit einem Gewichtheber?", fragte er. Dann aber erkannte er die Qualitäten des „kleinen Dicken" doch noch. Bereits in der Aufstiegssaison 1964/65 schoss Müller in 26 Spielen 32 Tore. Danach errang er in der Bundesliga bis zur Saison 1977/78 siebenmal die Torjägerkanone. Müllers Reaktionsschnelligkeit vor dem Tor war so einmalig, dass die Journalisten für seine Art des Toreschießens das Wort „müllern" erfanden. Insgesamt bestritt Müller bis 1979 für den FC Bay-

Gerd Müller in Aktion

DIE BESTEN DER BAYERN
DIE STARS DER 1970er JAHRE (2)

Uli Hoeneß

Franz Roth, ein Bauernsohn aus dem Allgäu, hatte Kraft wie ein Stier. Deswegen nannten ihn seine Mitspieler „Bulle". Wenn der mächtige „Bulle", der vor dem Spiel schon mal einen Braten verdrückte oder einen Erdbeerkuchen, auf seine Gegner zurannte, war er kaum aufzuhalten. 12 Jahre lang kickte Roth im Mittelfeld der Bayern und war dabei enorm torgefährlich, besonders im Europapokal. Im Pokalsieger-Endspiel 1967 gegen Glasgow Rangers sowie in den Landesmeister-Endspielen 1975 (Leeds) und 1976 (St. Etienne) erzielte er die entscheidenden Treffer. 1977 musste Roth nach zwei Rissen der Achillessehne seine Karriere beenden. Der kantige Innenverteidiger **Georg „Katsche" Schwarzenbeck** ist als „Helfer" von Franz Beckenbauer bekannt geworden. Wenn der Libero nach vorne ging, dann sicherte ihn der immer zuverlässige „Katsche" nach hinten ab. Besonders viel

Dank erntete der meist recht ungelenk wirkende Vorstopper dafür nicht: Er sei nur der „dritte Fuß vom Franz", witzelten Journalisten. Bei seinen Gegnern, die ihn „Frankenstein" nannten, war er allerdings wegen seiner harten Spielweise gefürchtet.

Wie wertvoll er war, bewies Schwarzenbeck nicht nur bei den Bayern, sondern auch in der Nationalmannschaft. Von seinen 44 Länderspielen gingen nur fünf verloren. 1980 musste „Katsche" seine Karriere wegen eines Achillessehnenrisses beenden. Im zweiten Beruf

Georg Schwarzenbeck

Franz Roth

Fernsehen. Seit 2007 ist er als Berater beim FC Bayern tätig.

Uli Hoeneß, Sohn eines Ulmer Metzgers, fiel schon in jungen Jahren durch seine im Sprintertempo vorgetragenen Alleingänge auf. 1970 stieß der Jugend-Nationalspieler zusammen mit Paul Breitner und Trainer Udo Lattek zum FC Bayern. Bald redeten alle über ihn: Nicht nur, weil er tolle Tore machte, sondern auch, weil er immer einen forschen und flotten Spruch auf den Lippen hatte. Die Karriere von Hoeneß, der auch außerhalb des Fußballplatzes mit allerlei Geschäften viel Geld verdiente, endete aufgrund einer Knieverletzung sehr früh. Nach einem letzten Versuch beim 1. FC Nürnberg (1978/79) musste er bereits als 27-Jähriger mit dem

wurde er Betreiber eines Schreibwarengeschäfts und belieferte fortan die Geschäftsstelle des FC Bayern mit Bürobedarf.

Während seiner ersten Bayern-Ära (1970-74) machte der Linksverteidiger **Paul Breitner** nicht nur sportlich auf sich aufmerksam, sondern auch mit seinem Afrolook sowie durch kritische und freche Äußerungen. 1974 wechselte der grimmige Rebell und Nörgler für eine Ablöse von 2 Mio. DM zu Real Madrid. Dort wurde er bis 1977 zweimal spanischer Meister und einmal Pokalsieger. Nach seiner Rückkehr in die Bundesliga spielte er zunächst ein Jahr in Braunschweig, um dann eine zweite Karriere als Spielmacher beim FC Bayern zu starten. Bis 1983 war er nun der absolute Chef der Mannschaft. Nach dem Ende seiner Fußballerkarriere betätigte er sich als Nachwuchstrainer sowie als Kommentator bei der *BILD*-Zeitung und im

Fußball aufhören. Noch vor dem Ende dieser Saison startete er seine zweite Karriere als Manager des FC Bayern – und wurde damit so bekannt, dass man ihn als Fußballspieler schon beinahe vergessen hat.

Paul Breitner

KRISEN, CHAOS UND TRIUMPHE

Der FC Bayern in den 1980er und 1990er Jahren

Deutscher Meister 1980, 1981, 1985, 1986, 1987, 1989, 1990, 1994, 1997, 1999

DFB-Pokalsieger 1982, 1984, 1986, 1998

Sieger im UEFA-Cup 1996

Zweiter im Europapokal der Landesmeister 1982, 1987, 1999

„BREITNIGGE" UND DAUERERFOLGE

In der Saison 1978/79 kam es in München zu einem Ereignis, das bis heute einmalig im deutschen Fußball ist: Die Spieler veranstalteten eine „Revolution" gegen die Vereinsführung. Uli Hoeneß war bereits vor dem strengen Trainer Lorant zum 1. FC Nürnberg geflüchtet, als dieser nach einer 1:7-Niederlage in Düsseldorf für die Entlassung reif war. Bayern-Präsident Wilhelm Neudecker wollte Max Merkel, der wegen seiner Strenge gefürchtet war, zu dessen Nachfolger ernennen. Die Spieler um Kapitän Sepp Maier und den wieder nach München zurückgekehrten Paul Breitner wollten aber lieber mit dem Assistenztrainer Pal Csernai arbeiten. Als der Präsident merkte, dass er seinen Willen nicht durchsetzen konnte, trat er zurück. Csernai wurde Cheftrainer.

Der Ex-Profi Uli Hoeneß nahm nun als Manager die Bayern-Geschicke in die Hand. Auf dem Platz wurde Paul Breitner, der als letzter der „alten" Bayern-Spieler übriggeblieben war, zum Chef. Während Breitner das Spiel von hinten dirigierte, sorgte vorne der junge Torjäger Karl-Heinz Rummenigge für die Treffer. Die beiden harmonierten so gut, dass sie bald als unschlagbares Team („Breitnigge") galten. Und so holten die Bayern als „FC Breitnigge" schon bald weitere Titel nach München: Zweimal hintereinander, 1980 und 1981, wurden sie Deutscher Meister, und 1982 gewannen sie den Titel im DFB-Pokal. In der Saison 1983/84 kehrte Udo Lattek

Lederhosen

Der Bayern-Präsident Willi O. Hoffmann entwickelte während der Saison 1979/80 zusammen mit Uli Hoeneß und Paul Breitner die Idee, den Bayern Lederhosen zu verpassen. Nach der Melodie des Beatles-Songs „Yellow Submarine" sangen die gegnerischen Fans schon damals „Zieht den Bayern die Lederhosen aus!". Die Idee war, den Schmähgesang umzukehren: Seht her, wir haben wirklich Lederhosen an – aber keiner zieht sie uns aus!

Rummenigge und Breitner alias „Breitnigge" in bayerischer Landestracht.

1981: Meisterfeier (links Karl-Heinz Rummenigge).

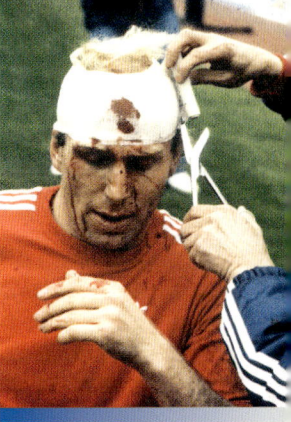

DER STÄNDIGE RIVALE WERDER BREMEN

An die Stelle von Borussia Mönchengladbach trat in den 1980er Jahren Werder Bremen als Dauerrivale. Besonders heftig verlief die Saison 1985/86. In der Hinrunde hatte bei der 1:3-Niederlage der Bremer in München ein hartes Foul von Bayern-Abwehrchef Klaus Augenthaler am Werder-Stürmer Rudi Völler für Streit zwischen den beiden Vereinen gesorgt. In der Rückrunde kam es dann am 33. Spieltag fast zu einem Endspiel. Die Bremer hatten zwei Punkte Vorsprung, bei einem Sieg wären sie Meister gewesen. Das Spiel endete aber mit 0:0, da der Bremer Kutzop in der 89. Minute einen Strafstoß an den Pfosten setzte. Am letzten Spieltag gewann der FC Bayern gegen Gladbach mit 6:0, Werder unterlag in Stuttgart 1:2. Beide hatten nun die gleiche Punktzahl (49:19), aber die Bayern wurden aufgrund des besseren Torverhältnisses Meister (82:31 gegenüber 83:41).

als Trainer zurück und löste Pal Csernai ab. Die Bayern heimsten in den nächsten Jahren wie selbstverständlich weitere Erfolge ein: Deutsche Meisterschaft 1985, 1986 und 1987, DFB-Pokalsieg 1984 und 1986. Schließlich beendete Breitner seine Karriere, und Rummenigge wechselte 1984 für die Rekordsumme von 11,4 Mio. DM zu Inter Mailand. Nun gaben Spieler wie Klaus Augenthaler, Sören Lerby, Lothar Matthäus und Uli Hoeneß' Bruder Dieter den Ton an. Acht nationale Titel in den 1980er Jahren (sechs in der Meisterschaft, zwei im Pokal) – das konnte sich sehen lassen.

Turban

In der 13. Minute des DFB-Pokalendspiels 1982 gegen den 1. FC Nürnberg hatte sich Dieter Hoeneß bei einem Zusammenprall mit Club-Vorstopper Reinhardt eine stark blutende Platzwunde am Kopf zugezogen. Hoeneß musste verbunden werden und spielte mit einem „Turban" weiter. In der 89. Minute erzielte er mit dem Kopf (!) den letzten Treffer zum 4:2-Sieg der Bayern.

Der Bremer Kutzop verschießt den meisterschaftsentscheidenden Elfmeter gegen die Bayern.

DER TRAUM VOM NEUEN REAL MADRID

Als Uli Hoeneß 1979 sein Amt als Manager in München antrat, hatte er einen großen Traum: Er wollte „seine" Bayern zu einem neuen Real Madrid machen. Die „Königlichen" aus Madrid hatten den Ruf, der vornehmste, beste und reichste Verein in Europa zu sein. 1956 bis 1960 hatten die Spanier, die immer ganz in Weiß spielten, fünfmal hintereinander den Europapokal der Landesmeister gewonnen. So beherrschend war seitdem kein zweiter Verein mehr. Die Bayern, so dachte Hoeneß, sollten nun genauso erfolgreich werden, und die Fußballfans sollten von den Bayern schwärmen wie einst von Real. Aber der Erfolg im Europapokal war nicht so leicht zu haben wie der in der Bundesliga.

DIE ABFUHR DURCH ASTON VILLA

Die erste Chance auf den höchsten Titel in Europa hatten die Bayern am 26. Mai 1982. In Rotterdam wartete das Team des englischen Meisters Aston Villa im Endspiel um den Europapokal der Landesmeister. Der FC Bayern hatte auf dem Weg dahin unter anderem die Meisterteams aus Rumänien und Bulgarien bezwungen. Aston Villa hatte keine Mannschaft, vor der man Angst haben musste, aber vielleicht hatten die Bayern gerade deswegen ihren Gegner unterschätzt. Die favorisierten Münchner mit Klaus Augenthaler, Paul Breitner, Dieter Hoeneß und Karl-Heinz Rummenigge waren mehr am Ball und hatten etliche Chancen. Das Spiel entschieden jedoch die Engländer aus Birmingham durch einen in der 67. Minute erfolgreich abgeschlossenen Konter mit 1:0 für sich.

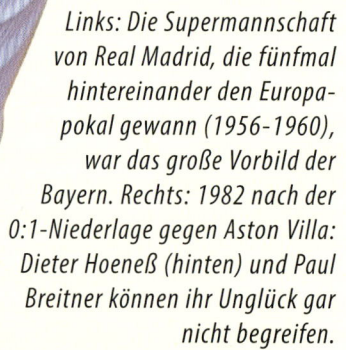

Links: Die Supermannschaft von Real Madrid, die fünfmal hintereinander den Europapokal gewann (1956-1960), war das große Vorbild der Bayern. Rechts: 1982 nach der 0:1-Niederlage gegen Aston Villa: Dieter Hoeneß (hinten) und Paul Breitner können ihr Unglück gar nicht begreifen.

DIE PLEITE GEGEN DEN FC PORTO

Fünf Jahre später gelang im Europapokal-Halbfinale ein überragender Sieg gegen das große Vorbild Real Madrid.

Als „Wiggerl" Kögl im Endspiel gegen Porto traf, konnten die Bayern noch hoffen.

In einem brutalen Spiel im Münchner Olympiastadion behielten überlegene Bayern mit 4:1 die Oberhand. Die Bayern überstanden auch den Real-Sturmlauf vor 103.000 Zuschauern in Madrid: Das Rückspiel ging lediglich mit 0:1 ver-

loren. Die „Königlichen" waren geschlagen – was sollte jetzt noch passieren? Am 27. Mai 1987 fand in Wien schließlich das Endspiel gegen den FC Porto statt. Schon die Tage zuvor herrschte allerbeste Stimmung im Verein und bei den Fans. Man hatte die „Königlichen" übertrumpft – also sollte der Meister aus Portugal nun eigentlich kein großes Problem mehr sein. Alles schien dann auch nach Plan zu laufen. Der junge Flügelflitzer Ludwig „Wiggerl" Kögl, der ansonsten eigentlich kaum einmal ein Tor schoss, brachte die Bayern in der 25. Minute mit 1:0 in Führung. So blieb es bis zur Halbzeit. Doch dann kam die 78. Minute. Ein von Hans Pflügler abgefälschter Ball trudelte hinter dem Rücken von Portos algerischem Stürmer Rabah Madjer durch den Strafraum, woraufhin der den Ball einfach mit der Hacke des rechten Fußes ins Tor kickte. Alle Bayern, inklusive des Antreibers Lothar Matthäus, waren plötzlich so schockiert, dass sie kaum mehr etwas zustande brachten. So machte am Ende Porto das entscheidende Tor und gewann mit 2:1.

1987 nach der 1:2-Niederlage gegen den FC Porto: Norbert Nachtweih, Lothar Matthäus, Norbert Eder und Michael Rummenigge sind geschockt.

DIE BESTEN DER BAYERN
DIE STARS DER 1980er JAHRE

Der aus einer Artistenfamilie stammende Belgier **Jean-Marie Pfaff** hatte am 21. August 1982 einen schlechten Start im Bayern-Tor. Im Spiel gegen Werder Bremen wollte er einen Einwurf von Uwe Reinders fangen – und über seine Fingerspitzen hinweg landete der im Tor. Eigentlich hätte er den Ball durchlassen können, denn nach den Fußballregeln zählt ein direktes Einwurftor nicht. Trotz dieses Missgeschicks war Pfaff ein Weltklasse-Torwart und wurde Stammspieler. Später wurde er nach einem erbittert geführten Duell um die Nummer eins von dem Augsburger **Raimond Aumann** abgelöst. Wie sein Vorgänger war auch Aumann, der nach dem Dschungelbären „Balu" genannt wurde, bei den Fans sehr beliebt. Vielleicht wurde er deswegen später zum Leiter der Abteilung Fan- und Fanklubbetreuung beim FC Bayern ernannt.

Ein Mann aus Fürstenzell, **Klaus Augenthaler**, war der Nachfolger Beckenbauers. Er wurde wegen seiner Kampf- und Schusskraft von allen Gegnern

Klaus Augenthaler

gefürchtet. Als „bayerisches Urviech" war er nach dem Weggang Paul Breitners der unumstrittene Anführer des FC Bayern. 15 Jahre lang hielt der Weltmeister von 1990 die Abwehr und die ganze Mannschaft zusammen. Nach Beendigung seiner Spielerkarriere wurde „Auge" zunächst Assistenztrainer beim FC Bayern, danach war er Cheftrainer bei verschiedenen Bundesligavereinen. **Hans Pflügler** aus Freising, heute Leiter des Fanartikel-Verkaufs beim FC Bayern, erwies sich ab 1981 als stets zuverlässiger Abwehrspieler. Ebenfalls Stammspieler in der Bayern-Defensive war der aus der DDR geflohene **Norbert Nachtweih**.

1983 gelang es Manager Uli Hoeneß, den jahrelang umworbenen Mittelfeldstar **Sören Lerby** von Ajax Amsterdam zu verpflichten. Auf dem Rasen zeigte sich der Däne in drei Spielzeiten als verbissener Antreiber. Außerhalb des Spielfelds sorgte er aber immer für gute Laune. Von Oktober 1991 bis März 1992 versuchte sich Lerby beim FC Bayern als Cheftrainer, war aber in dieser Position überfordert.

Ganze 17.500 DM Ablöse kostete die Bayern der spätere Weltklassestürmer **Karl-Heinz Rummenigge**, der 1974 von Borussia Lippstadt kam. Zunächst war er sehr schüchtern (Spitzname: „Rotbäckchen") und traf das Tor nur selten. Den großen Durchbruch schaffte er in seinem sechsten Bundesligajahr (1979/80), als er 26 Treffer erzielte. Dass „Kalle" auf einmal Tore schießen konnte, war das Ergebnis eines harten Spezialtrainings. 1984 wechselte er als dreifacher Bundesliga-Torschützenkönig für die damalige Rekordablösesumme von 11,4 Mio. DM zu Inter Mailand. 1991 wurde Rummenigge Vize-Präsident des FC Bayern, seit 2002 ist er hauptamtlicher Vorstandsvorsitzender der FC Bayern AG. Für Bruder Uli war **Dieter Hoeneß** der beste Einkauf seiner Manager-Karriere. Der jüngere der Gebrüder Hoe-

neß kam 1979 für die Ablöse von nur 175.000 DM vom VfB Stuttgart. Der „Lange" wirkte immer etwas steif und unbeweglich, zeigte sich aber acht Jahre lang als wirkungsvoller und torgefährlicher Mittelstürmer (102 Tore). Später wurde er Manager beim VfB Stuttgart, Hertha BSC und VfL Wolfsburg. Für den FC Bayern noch erfolgreicher war **Roland Wohlfarth,** der 1984 vom MSV Duisburg gekommen war. Neun Jahre spielte er in München und erzielte dabei 119 Tore. Ein großer Star wurde er seltsamerweise trotzdem nie.

Der 1,71 Meter kleine **Ludwig „Wiggerl" Kögl** kam 1984 vom Lokalrivalen 1860 zu den Bayern. Der quirlige Wirbelwind entwickelte zwar nie eine besondere Torgefahr, war aber bei den Fans wegen seiner Dribbelkünste sehr beliebt.

Dieter Hoeneß

Jean-Marie Pfaff

Raimond Aumann

Sören Lerby

Norbert Nachtweih

Roland Wohlfarth

Hans Pflügler

Ludwig Kögl

Karl-Heinz Rummenigge

Im UEFA-Pokal-Finale 1996 schlugen die Bayern Girondins Bordeaux aus Frankreich.

Meisterbad 1990: Bald darauf kam Trainer Heynckes ins Schwimmen.

DIE GROSSE KRISE

Jupp Heynckes, seit 1987 der Nachfolger Udo Latteks auf der Trainerbank, wollte mit den Bayern nicht nur Erfolg haben, sondern auch tollen Angriffsfußball zeigen. Um die Qualität des Bayern-Spiels zu verbessern, wurden nun etliche Stürmer aus dem Ausland verpflichtet, die man als „internationale Stars" vorstellte. Spieler wie Mark Hughes (Wales), Johnny Ekström (Schweden), Radmilo Mihajlovic (aus dem damaligen Jugoslawien), Alan McInally (Schottland) und Mazinho (Brasilien) hielten aber nicht das, was man sich von ihnen versprochen hatte. Vor allem schossen sie zu wenig Tore. Mit Hilfe des altbewährten „Häuptlings" Klaus Augenthaler führte Heynckes die Mannschaft zwar 1989 und 1990 zur Deutschen Meisterschaft, aber nach „Auges" Karriereende folgte die Krise. 1991/92 stürzte ein führungslos gewordener FC Bayern dem Tabellenende entgegen. Heynckes, der sich bei den Spielern nicht mehr durchsetzen konnte, wurde entlassen, sein Nachfolger Lerby gab schon nach wenigen Wochen auf. Schließlich kam Erich Ribbeck, der die Saison immerhin noch auf einem zehnten Platz beendete.

Otto Rehhagel trainierte mit Megafon. Das war laut – aber bei den Spielern konnte er sich trotzdem nicht durchsetzen.

DER „KAISER" UND DER „CUP DER VERLIERER"

Ruhe gab es auch in den folgenden Jahren nur selten in München. Die Trainer wechselten sehr häufig. Ob Erich Ribbeck, Giovanni Trapattoni oder Otto Rehhagel – alle standen sie ständig in der Kritik. Zweimal übernahm Franz Beckenbauer selbst das Kommando auf dem Trainingsplatz (1994 für Ribbeck, 1996 für Rehhagel), und beide Male war er tatsächlich erfolgreich: 1994 holte er die Deutsche Meisterschaft und 1996 den Titel im UEFA-Pokal. In den Endspielen schlugen die Bayern die französische Mannschaft Girondins Bordeaux mit 2:0 und 3:1. Es war der erste internationale Titel seit 20 Jahren, doch der „Kaiser" war nicht besonders zufrieden. Er hätte lieber in der Champions League gewonnen, dem Nachfolgewettbewerb des Europapokals der Landesmeister. Der UEFA-Pokal, meinte er verächtlich, sei doch der „Cup der Verlierer".

DER „FC HOLLYWOOD"

In den 1990er Jahren erfanden die Journalisten für den FC Bayern den Namen „FC Hollywood". Gemeint war damit, dass in München die Show wichtiger geworden war als der Sport. Die Fußballspieler waren nun so etwas wie Popstars. Außerdem suchten die Journalisten von den Zeitungen und vom Fernsehen inzwischen nur noch reißerische „Storys". Viele Spieler waren nur zu bereit, ihren Streit in der Öffentlichkeit auszutragen. Besonders schlimm ging es zwischen Lothar Matthäus und Jürgen Klinsmann zu, die sich überhaupt nicht leiden konnten. Jeder schimpfte über den anderen, und Franz Beckenbauer, der 1994 Präsident geworden war, änderte zur Verwirrung aller recht oft seine Meinung.

Für die größte Unruhe beim FC Bayern sorgte Spielmacher Lothar Matthäus. Er redete auch dann, wenn er besser geschwiegen hätte.

Immerhin blieben die Bayern trotz diesen Trubels erfolgreich. Der Italiener Giovanni Trapattoni schaffte in seiner zweiten Amtszeit in München (1996-98) eine Deutsche Meisterschaft und einen Pokalsieg.

Schlagzeilen aus den 1990er Jahren

4. August 1990, DFB-Pokal: Die Bayern verlieren beim Amateurverein FV 09 Weinheim mit 0:1.

25. April 1994, Bundesliga: Thomas Helmer erzielt im Spiel gegen den 1. FC Nürnberg ein Tor, das keines war (der Ball war nicht drin, wie der Schiedsrichter meinte, sondern ging am linken Pfosten vorbei über die Torauslinie). Wegen dieses „Phantomtors" wird das Spiel wiederholt (5:0 für Bayern).

14. August 1994, DFB-Pokal: Die Bayern verlieren beim Amateurverein TSV Vestenbergsgreuth mit 0:1.

15. April 1995, Bundesliga: Die Bayern gewinnen gegen Eintracht Frankfurt mit 5:2, das Spiel wird aber als 0:2-Niederlage gewertet. Grund: Trainer Trapattoni hatte gegen die Regeln verstoßen, als er einen vierten Amateur aufs Feld schickte.

18. Mai 1996, Bundesliga: Beim Saisonfinale gegen Fortuna Düsseldorf (2:2) wechselt Bayern-Trainer Klaus Augenthaler zur Halbzeit versehentlich vier (!) Spieler ein. Erlaubt sind aber nur drei Auswechslungen. Die Düsseldorfer protestieren nicht, da das Ergebnis keine Bedeutung mehr hat.

10. Mai 1997, Bundesliga: Als er im Spiel gegen den damaligen Tabellenletzten SC Freiburg (0:0) nach 80 Minuten für den Vertragsamateur Lakies ausgewechselt wird, dreht Jürgen Klinsmann durch. Er beschimpft Trainer Giovanni Trapattoni und tritt wütend auf eine Werbetonne ein.

Der Tonnentritt des wütenden Jürgen Klinsmann.

Rotationsprinzip

Angesichts der vielen Spiele in der Bundesliga, im DFB-Pokal und in der Champions League führte Ottmar Hitzfeld bei den Bayern das Rotationsprinzip ein. Das bedeutet, dass alle Spieler, selbst die besten, mal auf die Ersatzbank müssen, um sich zu erholen. Der Trainer konnte den Spielern klarmachen, dass es sich dabei um eine sinnvolle Maßnahme und nicht um eine „Strafe" handelte. In früheren Zeiten hatte die „Verbannung" eines Stars auf die Bank häufig zu Streit geführt.

BEGINN DER ÄRA OTTMAR HITZFELD

Mit dem bedächtigen Ottmar Hitzfeld, der im Sommer 1998 Giovanni Trapattoni ablöste, kehrte endlich wieder Ruhe in München ein. Dem Erfolgstrainer von Borussia Dortmund (zweimal Deutscher Meister, einmal Champions-League-Sieger) gelang es, aus einem Kader von Starspielern ein schlagkräftiges Team zu formen, in dem jeder Spieler seine Stärken zeigen konnte. Der französische Weltklasse-Verteidiger Lizarazu und der brasilianische Stürmer Giovane Elber liefen zu Hochform auf. Die Mittelfeld-Asse Effenberg und Matthäus stritten sich nicht, sondern zogen gemeinsam an einem Strang. Hitzfeld verstand es, die Stars so zu führen, dass keine Unruhe aufkam. Das Tollhaus war unter Kontrolle, Erfolg war die logische Konsequenz: Die Bayern wurden 1999 mit deutlichem Vorsprung (15 Punkte!) vor Leverkusen Meister. Und auch in der Champions League gelangten sie erstmals seit deren Bestehen bis ins Finale.

Hitzfeld führte das Rotationsprinzip ein, bei dem auch mal Stars wie Mario Basler auf die Bank mussten.

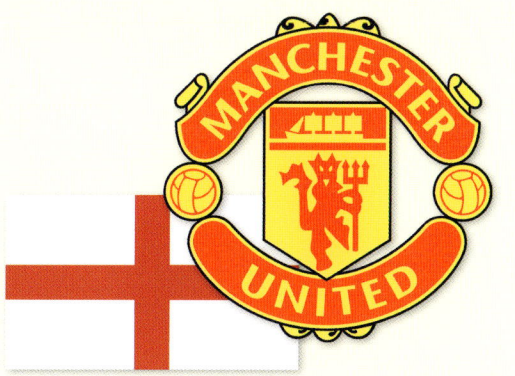

1999 hieß der Gegner im Champions-League-Finale Manchester United.

Schwach wie Flasche leer

Am 10. März 1998 verlor Bayern-Trainer Giovanni Trapattoni auf einer Pressekonferenz die Beherrschung. Nach drei Niederlagen in Folge und heftiger Kritik der Spieler an seiner defensiven Taktik hatte er genug. Der „Maestro" (Meister) aus Italien schlug zurück: „Ein Trainer ist nicht ein Idiot! Ein Trainer sehen, was passieren in Platz. In diese Spiel es waren zwei, drei oder vier Spieler, die waren schwach wie Flasche leer!" Am Ende seiner Schimpferei sagte er kurz und knapp: „Ich habe fertig!"

Niederlage in letzter Sekunde

Das Champions-League-Endspiel gegen Manchester United fand am 26. Mai 1999 in Barcelona statt. Zunächst lief für die Bayern alles nach Plan. Der Kunstschütze Mario Basler zeigte, was er konnte: Er verwandelte bereits in der 6. Minute einen Freistoß zur 1:0-Führung. Anschließend kontrollierten die Bayern scheinbar mühelos Ball und Gegner. Niemand glaubte, dass noch etwas passieren könnte: Matthäus war bereits ausgewechselt und die reguläre Spielzeit schon vorbei. Doch dann drehten die Engländer urplötzlich das Spiel. Innerhalb weniger Sekunden trat Beckham zweimal einen Eckball. Die erste Vorlage verwandelte Sheringham, die zweite Solskjær. Die Bayern waren geschlagen! Alle hatten sich schon auf die Siegesfeier gefreut – nun waren sie alle am Boden zerstört. Und als wäre der Frust noch nicht groß genug, misslang kurz darauf auch noch der Griff nach dem DFB-Pokal. Im Finale gegen den alten Rivalen Werder Bremen stand es nach der Verlängerung 1:1. Dann scheiterten ausgerechnet die „Bayern-Leitwölfe" Effenberg und Matthäus im Elfmeterschießen.

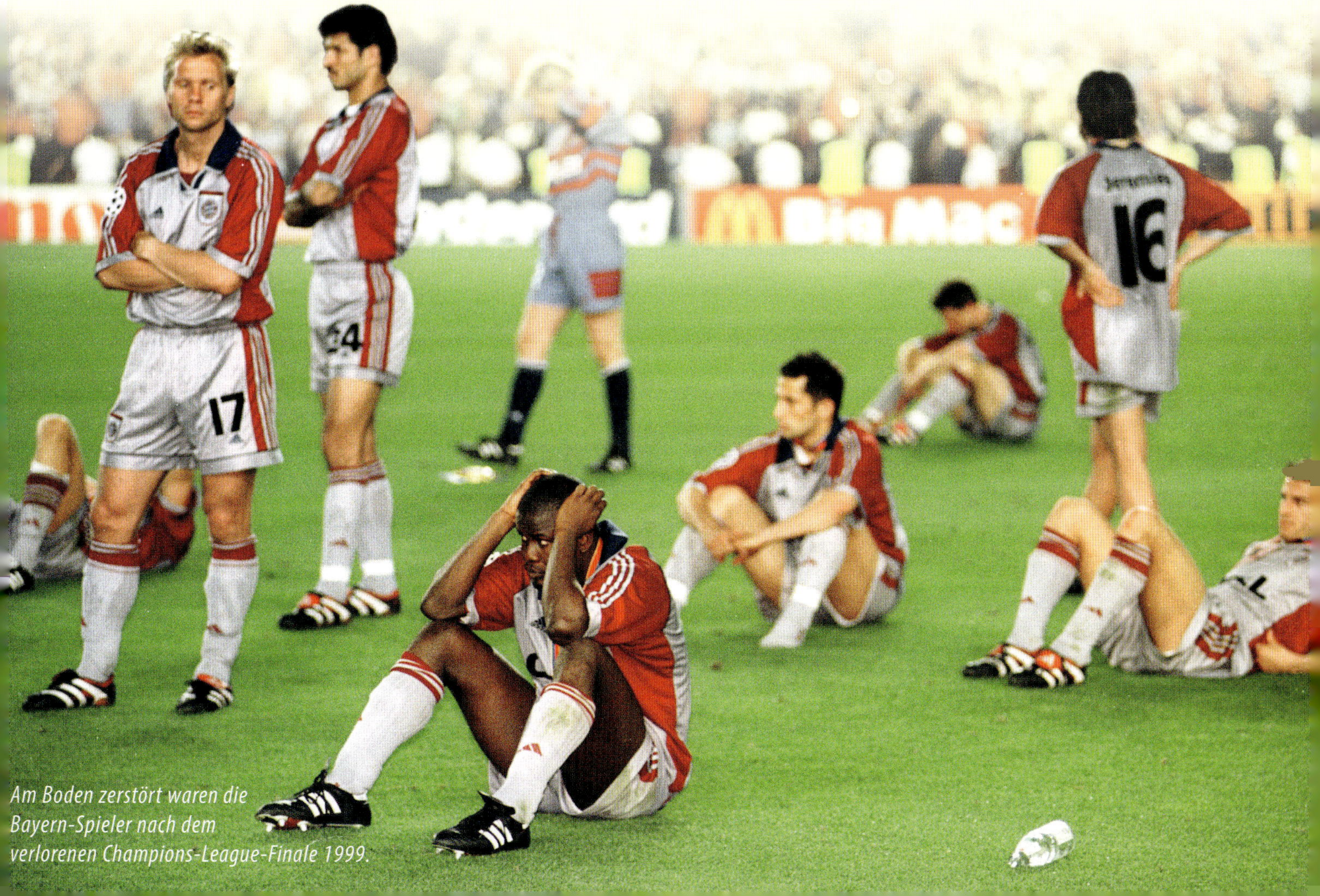

Am Boden zerstört waren die Bayern-Spieler nach dem verlorenen Champions-League-Finale 1999.

DIE BESTEN DER BAYERN
DIE STARS DER 1990er JAHRE

Die schönsten Sprüche

Olaf Thon: „Wir lassen uns nicht nervös machen, und das geben wir auch nicht zu."
Giovanni Trapattoni über Thomas Strunz: „Struuunz! Was erlauben Strunz!"
Bayern-Schatzmeister Kurt Hegerich über den Tribünensitzer Thomas Berthold: „Der bestbezahlte Golfprofi nach Bernhard Langer."
Lothar Matthäus: „Wir sind eine gut intrigierte Truppe."
Noch mal Lothar Matthäus: „Ein Wort gab das andere – wir hatten uns nichts zu sagen."
Jürgen Klinsmann: „Der Rizzitelli und ich sind schon ein tolles Trio, ...äh Quartett."
Mario Basler: „Ob rechts oder links, wo ich auftauchte, war ich schlecht."

In den 1990er Jahren kamen und gingen in München so viele Spieler wie nie zuvor. Nicht alle von ihnen haben Leistungen gebracht, an die man sich erinnern müsste. Unvergessen sind vor allem zwei: Lothar Matthäus und Jürgen Klinsmann.

Lothar Matthäus aus dem fränkischen Herzogenaurach, wo die Firmen Adidas und Puma ihren Sitz haben, begann seine Karriere 1979 bei Borussia Mönchengladbach. 1984 wechselte er zum FC Bayern. Zwischen 1988 und 1992 kickte er für Inter Mailand, danach kehrte er als Weltmeister und Weltfußballer (1990, 1991) wieder nach München zurück. Matthäus überzeugte auf dem Platz als herausragender Ballverteiler. Abseits des Fußballplatzes machte er sich aber mit seiner Schwatzhaftigkeit bei vielen Mitspielern sehr unbeliebt. Der Rekordnationalspieler (150 Länderspiele) verließ den FC Bayern im Jahr 2000 im Alter von 39 Jahren. In seiner zweiten Karriere als Trainer wartet er bis jetzt noch auf die ganz großen Erfolge.

Der aus Schwaben stammende Nationalstürmer **Jürgen Klinsmann** begann seine Profikarriere beim damaligen Zweitligisten Stuttgarter Kickers und wechselte dann zum Lokalrivalen VfB Stuttgart. Anschließend kickte er erfolgreich für viele ausländische Vereine (Inter Mailand, AS Monaco, Tottenham Hotspurs), bevor er 1995 in München anheuerte. Auch dort blieb der immer lächelnde Weltmeister von 1990 erfolgreich. Mit 15 Toren (in 12 Spielen!) stellte er im UEFA-Pokal 1996 einen neuen europäischen Rekord auf. Trotzdem verließ er den Verein nach einem lang anhaltenden Streit mit Lothar Matthäus. Seit 1998 lebte er in den USA. 2008 kehrte er als Trainer nach Mün-

Lothar Matthäus

chen zurück. Er war dort aber nicht so erfolgreich wie zuvor als Teamchef der Nationalmannschaft (dritter Platz bei der WM 2006 in Deutschland). Aber es sind auch noch viele weitere Spieler in guter Erinnerung. **Markus Babbel**, ein waschechter Bayer aus Gilching und später Trainer in Stuttgart, hielt sechs Jahre lang den Bayern-Strafraum sauber. Der Defensivspieler **Thomas Helmer**, 1992 für geschätzte 8 Mio. DM – damals Ligarekord – aus Dortmund geholt, löste Lothar Matthäus 1997 als Führungsspieler und Mannschaftskapitän ab. Der Mittelfeldspieler **Thomas Strunz** machte manchmal

Markus Babbel

Thomas Strunz

mit guten Leistungen und ansonsten mit blond gefärbten Haaren auf sich aufmerksam. Er kritisierte oft den Trainer Trapattoni, was dem aber gar nicht gefiel. Der gebürtige Berliner **Christian Ziege** kam 1990 als 17-Jähriger zum FC Bayern und überzeugte in vielen Spielen als dynamischer Außenbahnspieler. **Christian Nerlinger**, später vorrübergehend (2009 bis 2012) Bayern-Manager, war von 1993 bis 1998 ein fleißiger Mittelfeldspieler („Wasserträger"), der unermüdlich die Lücken schloss, wenn die Stars einmal den Ball verloren. Der ballgewandte **Olaf Thon**, der von Schalke kam, galt als einer der letzten Spieler, die das Fußballspielen auf der Straße gelernt haben. Und gern erinnern sich ältere Bayern-Fans auch an das immer freche und meist etwas faule Schussgenie „Super"-**Mario Basler**, das Eckbälle direkt verwandeln konnte. Große Bayern-Stars wie Oliver Kahn, Stefan Effenberg, Mehmet Scholl und Giovane Elber haben ebenfalls in den 1990er Jahren ihre Karriere begonnen. Aber ihre ganz große Zeit sollte erst nach dem Jahr 2000 kommen.

Christian Ziege

Thomas Helmer

Christian Nerlinger

Olaf Thon

Jürgen Klinsmann

Mario Basler

„FOREVER NUMBER ONE"

Der FC Bayern
von 2000 bis heute

Deutscher Meister 2000, 2001, 2003, 2005, 2006, 2008, 2010, 2013, 2014, 2015, 2016, 2017, 2018, 2019, 2020

DFB-Pokalsieger 2000, 2003, 2005, 2006, 2008, 2010, 2013, 2014, 2016, 2019, 2020

Sieger in der Champions League 2001, 2013, 2020

Zweiter in der Champions League 2010, 2012

Weltpokalsieger 2001

Klub-Weltmeister 2013

Die Bayern danken Unterhaching für die Schützenhilfe.

NOCH KNAPPER DEUTSCHER MEISTER

Es scheint beinahe unmöglich – doch die Entscheidung um die Deutsche Meisterschaft 2001 verlief noch enger. Da hatten die Bayern zwar einen Vorsprung von drei Punkten auf Schalke 04. Doch am letzten Spieltag lagen sie in der 90. Minute beim Hamburger SV mit 0:1 zurück, während Schalke, wo das Spiel bereits abgepfiffen war, mit 5:3 gegen Unterhaching gewonnen hatte. Dann aber gab es noch einmal Freistoß für die Bayern. Es würde die letzte Aktion des Spiels sein. Münchens Abwehrchef Patrick Andersson, ein Spieler mit einem extrem harten Schuss, lief an – und traf zum 1:1! Die Bayern hatten es wieder einmal geschafft und waren mit einem Punkt Vorsprung Meister vor den Schalkern. Der Jubel war unbeschreiblich. Torwart Oliver Kahn konnte sich kaum mehr beherrschen. Er schnappte sich eine Eckfahne und wedelte mit ihr wie ein Irrer herum.

KNAPP DEUTSCHER MEISTER

Vor dem letzten Spieltag der Saison 1999/2000 sah es so aus, als ob Bayer Leverkusen das erste Mal Deutscher Meister werden würde. Schließlich hatten die Leverkusener drei Punkte Vorsprung auf die Münchner. Doch dann gab es für die Kicker von Bayer ein böses Erwachen in Unterhaching, einer kleinen Gemeinde im Landkreis München. Sie unterlagen bei der dortigen Spielvereinigung, damals ein Bundesligaverein, überraschend mit 0:2. Die Bayern hingegen besiegten Werder Bremen mit 3:1 und hatten damit aufgrund des besseren Torverhältnisses doch wieder die Nase vorne. Auch das Finale im DFB-Pokal, ebenfalls gegen Werder Bremen, entschieden sie für sich, diesmal mit 3:0.

Kahn mit Eckfahne nach der glücklichen Meisterschaft 2001.

Stolz präsentiert Kapitän Effenberg den Champions-League-Pokal, und Samuel Kuffour küsst den Weltpokal (unten).

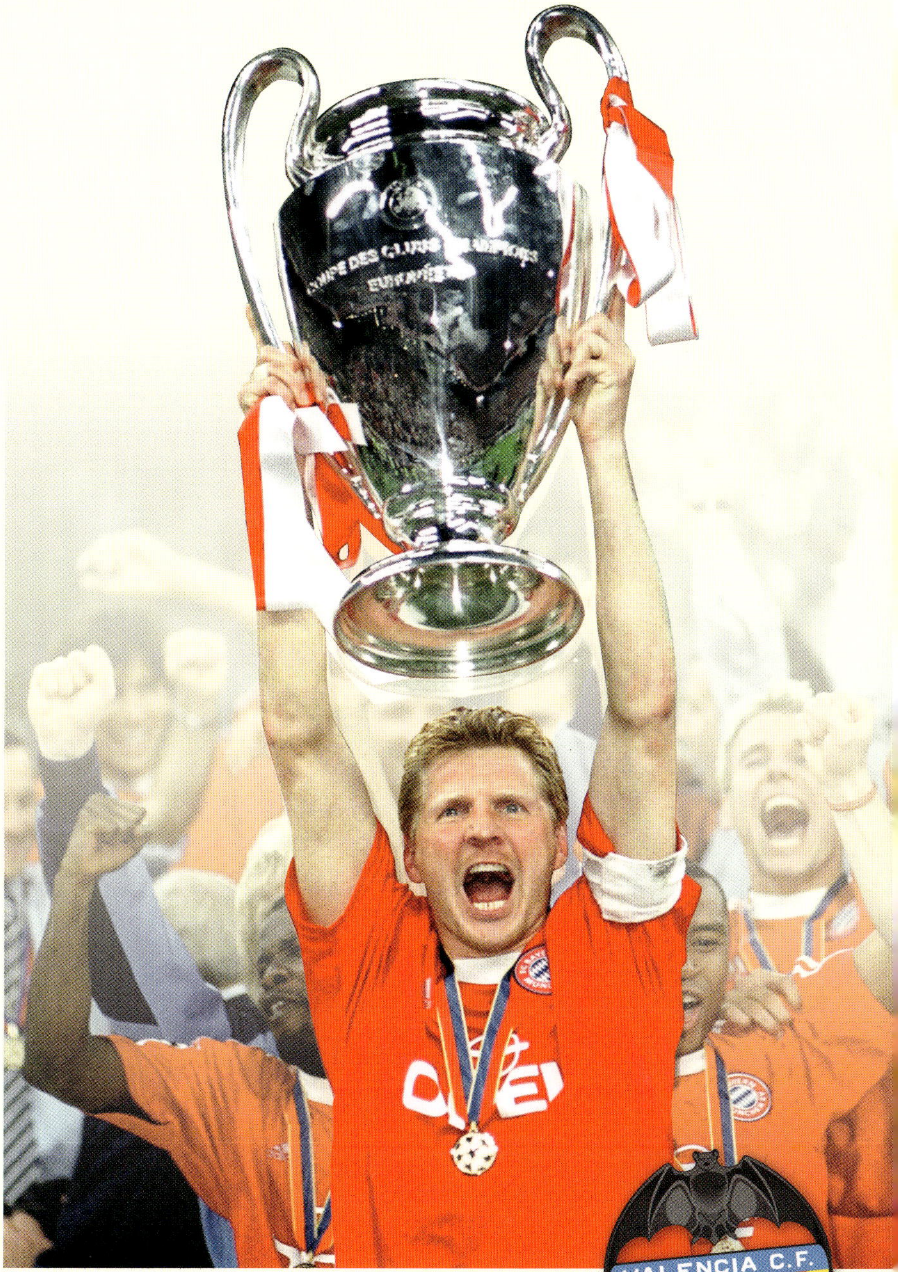

Drei gehaltene Elfmeter

Nach der Meisterschaft – es war die dritte in Folge – konnten endlich auch wieder internationale Titel nach München geholt werden. In der Champions League gab es im Viertelfinale eine erfolgreiche Revanche gegen Manchester (1:0 und 2:1) und im Halbfinale einen Triumph über Real Madrid (1:0 und 2:1). Im Finale in Mailand wartete dann am 23. Mai 2001 mit dem spanischen Klub FC Valencia eine Aufgabe, die lösbar schien. Und tatsächlich: Die Bayern, angetrieben vom unbändigen Siegeswillen des Mittelfeldchefs Effenberg, gewannen! Die Spanier gingen durch einen Elfmeter in Führung, Effenberg glich durch Elfmeter zum 1:1 aus. Als dann bis zum Ende des Spiels keine weiteren Tore mehr fielen und die Verlängerung torlos blieb, musste das Elfmeterschießen entscheiden. Zwei Bayern-Spieler vergaben. Torwart Oliver Kahn aber wuchs über sich selbst hinaus und hielt drei Schüsse der Valencia-Spieler mit unfassbaren Paraden. 5:4 nach Elfmeterschießen – die Bayern waren die beste Mannschaft in Europa!

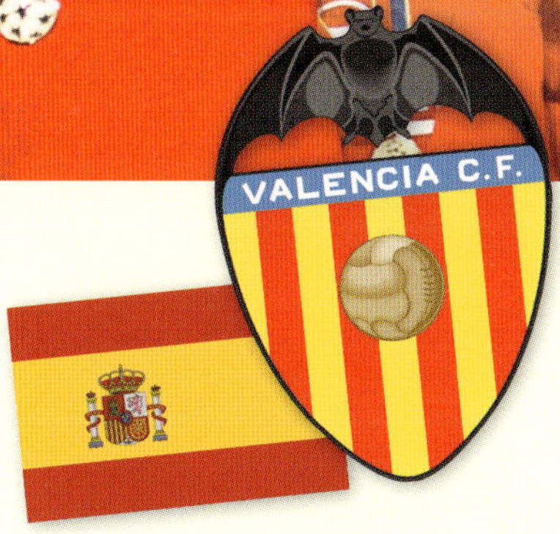
VALENCIA C.F.

Gegner im Champions-League-Finale war der FC Valencia aus Spanien.

Die Aufstellung der Bayern im CL-Finale am 23. Mai 2001

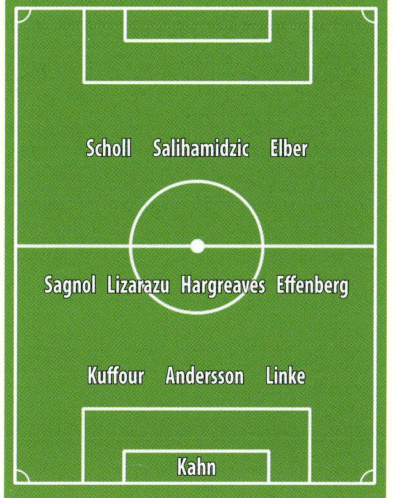

Scholl Salihamidzic Elber
Sagnol Lizarazu Hargreaves Effenberg
Kuffour Andersson Linke
Kahn

Eingewechselt wurden Jancker (für Sagnol), Zickler (für Elber) und Sergio (für Scholl)

Weltpokalsieger

Nach dem lang ersehnten Triumph in der Champions League gewannen die Bayern am Ende des Jahres dann auch noch den Weltpokal durch ein 1:0 gegen den Südamerika-Sieger Boca Juniors Buenos Aires (Tor: Samuel Kuffour). Nun durften sie sich als bestes Fußballteam der Welt feiern lassen!

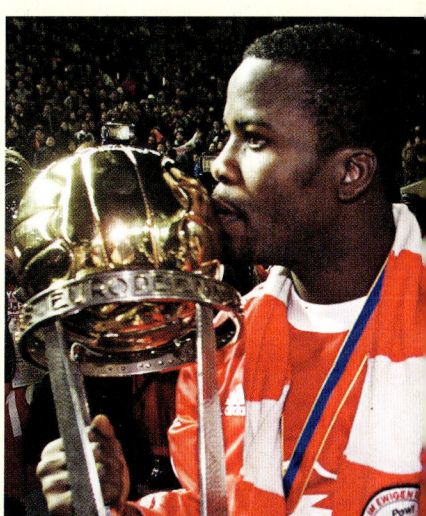

DIE BESTEN DER BAYERN
DIE CHAMPIONS VON 2001

Mehmet Scholl

Als er 1994 vom Karlsruher SC zum FC Bayern wechselte, war **Oliver Kahn** soeben zum besten Torhüter der Bundesliga gewählt worden. Der extrem ehrgeizige und trainingsfleißige Torwart war bald das „Gesicht" des FC Bayern. Niemand konnte so wütend sein wie er, wenn es mal nicht so gut lief, niemand konnte sich so wild freuen wie er, wenn ein toller Sieg errungen war. Bei der WM 2002 in Südkorea und Japan stieg er zum besten Torhüter der Welt auf. Umso bitterer war es für Kahn, dass er vier Jahre später bei der WM im eigenen Land seinem Konkurrenten Jens Lehmann Platz machen musste. Bei den Bayern-Fans war Kahn aber immer unumstritten. Während einer schwachen Bayern-Phase zeigten sie ein Plakat mit dem Spruch: „Außer Olli könnt ihr alle gehen."

Der Schwede **Patrick Andersson** war ein cooler Chef der Bayern-Abwehr. Unterstützt wurde er von **Samuel Kuffour**, einem schnellen und manchmal überharten Mann aus Ghana, sowie von dem meist unauffälligen, aber immer zuverlässigen **Thomas Linke**.

Der kleine Baske **Bixente Lizarazu**, 1998 Weltmeister mit Frankreich, war einer der besten Spieler auf der linken Außenbahn in der Geschichte des FC Bayern. Sein Partner auf der rechten Seite hieß lange Zeit **Willy Sagnol**, ebenfalls ein französischer Nationalspieler. Mit Sturmläufen entlang der Außenlinie spielte er sich in die Herzen der Fans, die ihn dabei mit dem Schlachtruf „Williiieee" anfeuerten. **Owen Hargreaves**, ein Kanadier mit britischem Pass, fing als 15-Jähriger in der Bayern-Jugend an. Im April 2001 hatte der sehr laufstarke Mittelfeldspieler seinen ersten Einsatz bei den Profis und war seitdem fast immer gesetzt. Im Mai 2007 wechselte er zu seinem Traumverein Manchester United.

Stefan Effenberg war nach einer nicht so glücklichen Zeit (1991-92) im Jahr 1998 zum FC Bayern zurückgekehrt und wurde nun der unumstrittene Herrscher im Mittelfeld und Häuptling der Mannschaft. Der „Cheffe" konnte seine Mitspieler antreiben wie kaum ein anderer – und gilt daher neben Oliver Kahn als der wichtigste Mann für den Erfolg von 2001.

Der als Mehmet Yüksel geborene **Mehmet Scholl** – seinen jetzigen Nachnamen übernahm er vom zweiten Ehemann seiner Mutter – kam wie Oliver Kahn aus Karlsruhe nach München. Er glänzte als feiner Techniker und tol-

Oliver Kahn

ler Freistoßschütze. Er war 15 Jahre in München und einer der beliebtesten Bayern-Spieler überhaupt. Oft wurde er von Verletzungen geplagt, hat aber nie aufgegeben. Heute hat er einen Job als Fußball-Experte im Fernsehen.

Der Brasilianer **Giovane Elber** kam zunächst als Mittelstürmer des VfB Stuttgart groß heraus und wechselte 1997 zum FC Bayern. Elber erwies sich stets als sehr ballgewandt, durchsetzungsfähig und enorm torgefährlich. Dabei war er kaum auszurechnen: Er erzielte seine Tore genauso mit dem rechten Fuß wie mit dem linken oder mit dem Kopf.

Der kampfstarke **Jens Jeremies** kam von den Münchner „Löwen" zu den Bayern. Auf „Jerry", den bissigen Abräumer vor der Abwehr, war immer Verlass. 2006 musste er seine Karriere wegen Knieproblemen beenden. Der Bosnier **Hasan Salihamidzic** mit dem Spitznamen „Brazzo" (zu Deutsch „Bürschlein") war zwar klein, wurde aber wegen seines Kampfgeistes von allen Gegnern gefürchtet.

DIE EINWECHSELSPIELER

Der tolle Athlet **Alexander Zickler** war nie ein richtiger Torjäger, blieb aber 13 Jahre beim FC Bayern. Später wurde er Torschützenkönig in Österreich bei Red Bull Salzburg. Der in Mecklenburg-Vorpommern geborene bullige Stürmer **Carsten Jancker** (1,93 Meter, 92 Kilogramm, Schuhgröße 47) fiel durch seine Glatze auf – und durch seinen harten Einsatz. Der sehr religiöse Brasilianer **Paulo Sergio** war 1994 Weltmeister mit Brasilien und eine gute Verstärkung im Bayern-Sturm.

In den Spielen vor dem Champions-League-Finale leisteten auch noch etliche andere ihren Anteil zum Triumph. Etwa **Michael Tarnat**, der Mann mit dem knallharten Schuss (118 km/h) oder der fleißige Mittelfeldspieler **Thorsten Fink.**

Stefan Effenberg

Giovane Elber

Der Bayern-Kader 2001/02 (von links): Obere Reihe: Effenberg, Jancker, Santa Cruz, Sergio, Linke, di Salvo, Thiam, Hofmann, Tarnat, Zickler; mittlere Reihe: Physiotherapeuten Gebhardt, Hoffmann, Binder; Jeremies, Pizarro, Wojciechowski, R. Kovac, Sagnol Kuffour, Assistent Henke, Trainer Hitzfeld; untere Reihe: Fink, Scholl, Salihamidzic, N. Kovac, Wessels, Kahn, Dreher, Hargreaves, Lizarazu, Elber, Reha-Trainer Hauenstein

NEUE „DOUBLES"

In den letzten drei Spielzeiten unter Ottmar Hitzfeld – der sechs Jahre ununterbrochen in München wirkte, so lange wie kein anderer Trainer vor ihm – wechselten sich Enttäuschungen und Erfolge ab. Dem glorreichen Jahr 2001 folgte zunächst ein titelloses Jahr 2002. Dann schaffte er mit neuen Spielern um den Mittelfeldstar Michael Ballack einen Um-

bruch. Im Jahr 2003 gelang erneut das „Double", der Gewinn von Deutscher Meisterschaft und DFB-Pokal. Als es im Jahr darauf dann wieder etwas bergab ging, war die Zeit von Ottmar Hitzfeld als Bayern-Trainer abgelaufen. Sein Nachfolger wurde Felix Magath. Er führte die Bayern zweimal hintereinander zum „Double" (2005 und 2006). Solch ein „doppeltes Double" war bis dahin noch keinem Trainer und keinem Verein gelungen.

Michael Ballack, der neue Star am Bayern-Himmel.

Felix Magath (rechts) löste Ottmar Hitzfeld (links) als Trainer ab.

Kam 2003, spielte nicht immer schön, traf aber oft: der niederländische Torjäger Roy Makaay.

INTERNATIONAL MANGELHAFT

National, also in der Bundesliga und im DFB-Pokal, blieb der FC Bayern weiterhin unangefochten die Nummer eins. Auf internationaler Ebene aber konnten die Münchner keine Erfolge mehr einheimsen. Es half auch nichts, dass sie sich vorübergehend weiße Trikots zulegten, um dem großen Vorbild Real Madrid ähnlich zu werden.

Zwischen 2002 und 2007 kamen die Bayern trotz teurer Neuerwerbungen wie dem niederländischen Torjäger Roy Makaay in der Champions League über das Viertelfinale nicht mehr hinaus. Tiefpunkt war die Saison 2002/03, in der sie ganze zwei Unentschieden erreichten und bereits in der Vorrunde ausschieden. Zum Angstgegner wurde vor allem der AC Mailand, gegen den man gleich mehrmals ausschied. Vor allem der schmächtige Stürmer Filippo Inzaghi entwickelte sich zu einem Schreck-

gespenst: In fünf Spielen gegen den FC Bayern erzielte er sechs Treffer. Und als die Bayern dann 2007 in der Bundesliga lediglich Platz vier erreichten, durften sie erstmals seit 1995 nur im UEFA-Pokal antreten. Alle waren frustriert, vor allem Mark van Bommel; er sprach verächtlich vom „Fiat-Punto-Clio-Cup".

Weltpokalsieger-besieger

Am 6. Februar 2002, nur wenige Wochen nach dem Sieg im Weltpokal, musste der FC Bayern beim Tabellenletzten FC St. Pauli in Hamburg antreten. Völlig überraschend gewannen die Außenseiter das Spiel im Stadion am Millerntor mit 2:1. Anschließend ließen sie witzige T-Shirts mit der Aufschrift „Weltpokalsiegerbesieger" anfertigen. Den Abstieg aber konnte St. Pauli trotz dieses Sieges nicht verhindern.

SUPERSTARS IM BAYERN-TRIKOT

Jahrzehntelang wollte Manager Uli Hoeneß keine superteuren Stars einkaufen. Er wollte strikt vermeiden, dass die Bayern so in Schulden versinken, wie das etwa dem Konkurrenten Borussia Dortmund passiert war. Da aber die Bayern in der Champions League nicht mehr unter die Besten kamen, kauften sie im Sommer 2007 für die Rekordsumme von insgesamt mehr als 80 Mio. Euro neue Spieler ein. Es kamen Stars wie der Torjäger Miroslav Klose von Werder Bremen, der italienische Weltmeister-Stürmer Luca Toni und der französische Dribbler Franck Ribéry. Allein für Ribéry, dem nun teuersten Bayern-Spieler aller Zeiten, gab man 25 Mio. Euro aus.

NEUE ERFOLGE, ALTE MÄNGEL

Ribéry, Toni und Kollegen spielten toll und erfolgreich. Die Bayern errangen 2008 ein weiteres „Double": den Meistertitel Nummer 21 (bereits am 31. Spieltag perfekt gemacht) und den DFB-Pokal Nummer 14 (2:1 im Endspiel gegen Borussia Dortmund). International aber lief es wieder nicht so gut. Im UEFA-Pokal zeigte der FC Bayern zwar spannende Spiele, schied aber schließlich im Halbfinale mit einem bitteren 0:4 in Russland bei Zenit St. Petersburg aus.

Teure Stareinkäufe (von li. nach re.):
Franck Ribéry, Miroslav Klose, Luca Toni

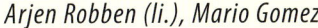
Arjen Robben (li.), Mario Gomez

DER ÜBERRASCHUNGS-TRAINER

Zur Saison 2008/09 holten die Bayern keine neuen Superstars, sondern einen Trainerneuling: Jürgen Klinsmann. Der Weltmeister von 1990 und Ex-Bayernspieler hatte als Teamchef die deutschen Nationalmannschaft bei der WM 2006 auf einen tollen dritten Platz geführt. Klinsmann wollte dafür sorgen, dass die Bayern einen zugleich erfolgreichen und schönen Fußball zeigten. Aber seine Mannschaft spielte nur selten schön. In der Bundesliga musste der FCB dem VfL Wolfsburg die Tabellenspitze überlassen, und im DFB-Pokal schied er gegen Leverkusen aus. Nur in der Champions League schien es gut zu laufen. Die Bayern schlossen ihre Vorrundengruppe als Tabellenführer ab. Im Achtelfinale fertigten sie dann Sporting Lissabon mit insgesamt 12:1 Toren ab. Dann aber spürten die Klinsmann-Schützlinge im Viertelfinale die Übermacht des FC Barcelona. Die Bayern hatten keine Chance und gingen mit 0:4 unter. Das Rückspiel endete 1:1 und war nur noch Formsache.

EIN NEUER ANLAUF

Vor der Saison 2009/10 suchten sich die Bayern mit Louis van Gaal einen „alten Hasen" als Trainer aus. Der Niederländer, der bereits mit Ajax Amsterdam und dem FC Barcelona große Siege gefeiert hatte, sollte die Jagd auf Titel erfolgreicher gestalten als sein Vorgänger. Er bekam dafür zwei teure Stars. Der Stürmer Mario Gomez vom VfB Stuttgart kostete 35 Mio. Euro und war ein neuer Rekordeinkauf. 24 Mio. Euro kostete der kurz nach Saisonbeginn von Real Madrid verpflichtete Tempodribbler Arjen Robben. Er spielte gleich bei seinem ersten Einsatz so toll mit Ribéry zusammen, dass viele von einem neuen Traumduo „Robbéry" schwärmten. Aber neben teuren Stars vertraute van Gaal auch jungen Spielern aus der Bayern-Jugend. Der Stürmer Thomas Müller und der Innenverteidiger Holger Badstuber konnten sich Stammplätze im neuen Bayernteam erobern.

„Ich will jeden Spieler jeden Tag ein bisschen besser machen", hatte Jürgen Klinsmann bei seinem Amtsantritt als Bayern-Trainer verkündet. Zehn Monate später war kein einziger Spieler besser geworden, kaum einer so gut wie im Jahr zuvor – und Klinsmann musste seinen Job vorzeitig beenden.

Der eigenwillige Trainer Louis van Gaal.

DIE BESTEN DER BAYERN
DIE STARS 2001 - 2011

Claudio Pizarro überzeugte von 2001 bis 2007 als schlitzohriger Torjäger. Nach fünf Jahren, in denen er für den FC Chelsea und Werder Bremen auf Torejagd ging, kehrte er 2012 als gereifter „Joker" nach München zurück. Als er sich 2015 im Alter von 36 Jahren verabschiedete, war der Peruaner mit 176 Treffern der erfolgreichste ausländische Torschütze in der Bundesliga. Der niederländische Stürmer **Roy Makaay** wechselte 2003 von Deportivo La Coruña zum FC Bayern. Er erwies sich als enorm treffsicher und erzielte bis 2007 in 129 Spielen 78 Tore. Er beteiligte sich wenig am Spiel, aber ein Gegenspieler jammerte

frustriert: „Er ist eigentlich nie am Ball, doch wenn er ihn hat, dann ist es zu spät, dann hat er gerade getroffen." **Lukas Podolski** kam nach der WM 2006 als Held des 1. FC Köln zu den Bayern, wo schon sein Spezl Bastian Schweinsteiger spielte. Obwohl er in der Nationalmannschaft Stammspieler war, fühlte sich „Poldi" beim FC Bayern nie so richtig wohl. 2009 ging er wieder nach Köln zurück. **Miroslav Klose** will in der Nationalmannschaft den Torrekord von Gerd Müller übertreffen. Bei den Bayern lief es für den spiel- und kopfballstarken Stürmer, der schöne Tore mit einem Salto zu feiern pflegt, zwischen 2007 und 2011 nicht immer so rund. Mittelstürmer **Luca Toni**, 2006 mit Italien Weltmeister, wurde in seiner ersten Bayern-Saison 2007/08 Bundesliga-Torschützenkönig (24 Tore). Danach lief es nicht mehr so gut:

Mark van Bommel

Ende Dezember 2009 wechselte er zum AS Rom nach Italien.
Bereits in seiner ersten Saison 2002/03 erwies sich der spätere Nationalmannschafts-Kapitän **Michael Ballack**, der von Bayer Leverkusen gekommen war, als die erhoffte Verstärkung. Der groß gewachsene Mann galt als der torgefährlichste Mittelfeldspieler der Welt. Er machte in seinen vier Bayern-Jahren in fast jedem zweiten Spiel ein Tor –

Claudio Pizarro

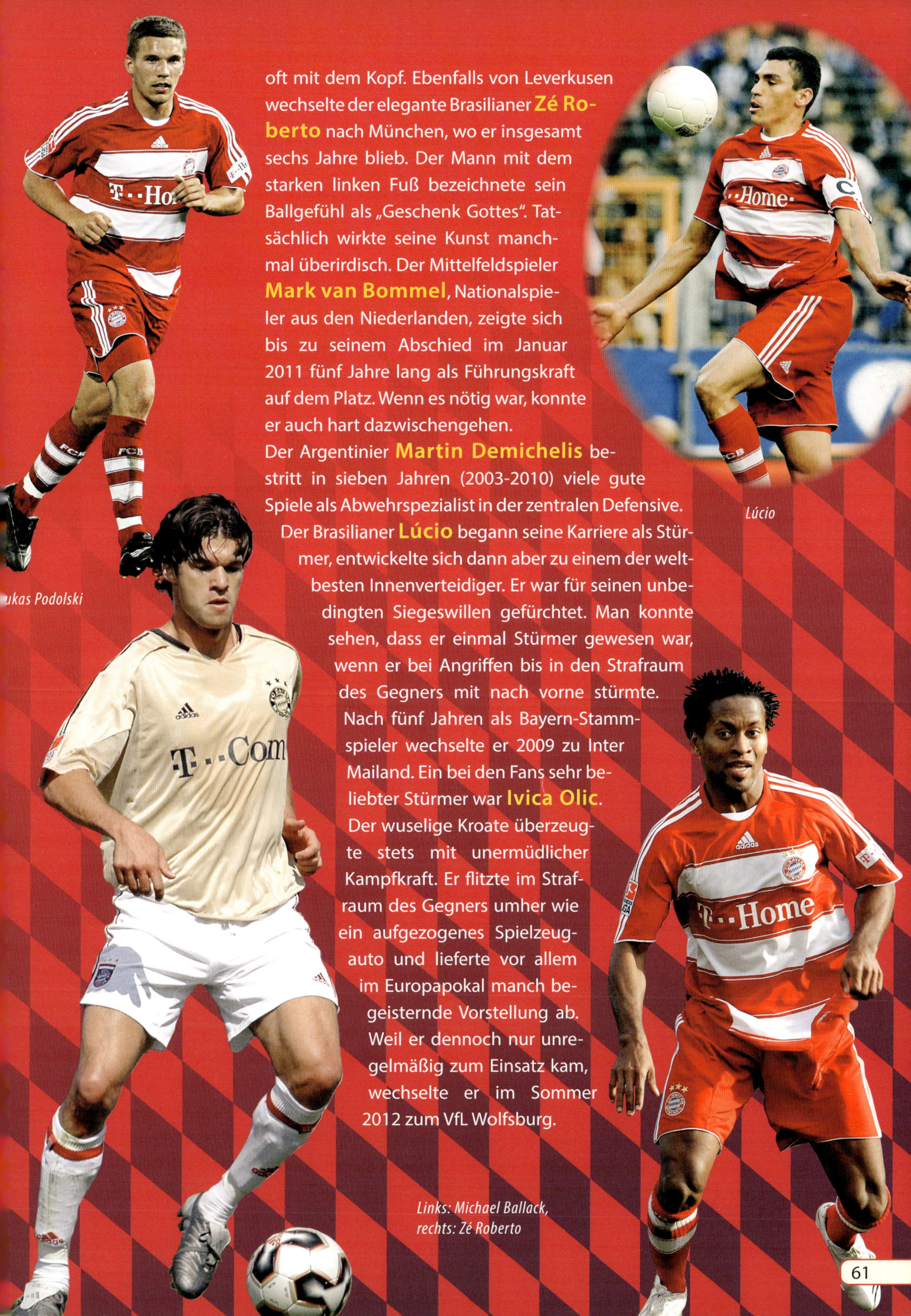

oft mit dem Kopf. Ebenfalls von Leverkusen wechselte der elegante Brasilianer **Zé Roberto** nach München, wo er insgesamt sechs Jahre blieb. Der Mann mit dem starken linken Fuß bezeichnete sein Ballgefühl als „Geschenk Gottes". Tatsächlich wirkte seine Kunst manchmal überirdisch. Der Mittelfeldspieler **Mark van Bommel**, Nationalspieler aus den Niederlanden, zeigte sich bis zu seinem Abschied im Januar 2011 fünf Jahre lang als Führungskraft auf dem Platz. Wenn es nötig war, konnte er auch hart dazwischengehen. Der Argentinier **Martin Demichelis** bestritt in sieben Jahren (2003-2010) viele gute Spiele als Abwehrspezialist in der zentralen Defensive. Der Brasilianer **Lúcio** begann seine Karriere als Stürmer, entwickelte sich dann aber zu einem der weltbesten Innenverteidiger. Er war für seinen unbedingten Siegeswillen gefürchtet. Man konnte sehen, dass er einmal Stürmer gewesen war, wenn er bei Angriffen bis in den Strafraum des Gegners mit nach vorne stürmte. Nach fünf Jahren als Bayern-Stammspieler wechselte er 2009 zu Inter Mailand. Ein bei den Fans sehr beliebter Stürmer war **Ivica Olic**. Der wuselige Kroate überzeugte stets mit unermüdlicher Kampfkraft. Er flitzte im Strafraum des Gegners umher wie ein aufgezogenes Spielzeugauto und lieferte vor allem im Europapokal manch begeisternde Vorstellung ab. Weil er dennoch nur unregelmäßig zum Einsatz kam, wechselte er im Sommer 2012 zum VfL Wolfsburg.

Lukas Podolski

Lúcio

Links: Michael Ballack, rechts: Zé Roberto

Siege mit Kampfgeist, Können und Köpfchen

Die Mannschaft von Louis van Gaal benötigte längere Zeit, bis sie auf Touren kam. Der Trainer hatte klare Vorstellungen: Die Spieler sollten sich nach Plan auf dem Platz bewegen und mit sicherem, einstudiertem Passspiel Torchancen herausarbeiten. Da das zunächst noch nicht so richtig klappte, gab es zu Beginn der Saison einige bittere Niederlagen. Erst Ende November 2009 gelangen endlich wichtige Siege in der Bundesliga und in der Champions League. Die Bayern zeigten dabei auch in schwierigen Situationen einen unerschütterlichen Kampfgeist; und gegen Ende der Saison beherrschten sie das vom Trainer gewünschte „Positionsspiel" beinahe traumhaft. Die überragenden Spieler waren Bastian Schweinsteiger und Mark van Bommel, die das Spiel von hinten aufbauten, sowie Arjen Robben, Ivica Olic und Thomas Müller, die abwechselnd für die entscheidenden Tore sorgten.

Deutscher Meister 2010

Härtester Konkurrent in der Bundesliga war der vom ehemaligen Bayern-Trainer Felix Magath gecoachte FC Schalke 04. Richtungsweisend war der 29. Spieltag, als die Bayern in Gelsenkirchen mit 2:1 gewannen. Perfekt gemacht wurde die 22. Meisterschaft am 33. Spieltag, als die Schalker gegen Bremen 0:2 verloren und die Bayern in München mit drei Müller-Toren 3:1 gegen Bochum gewannen. Der Vorsprung von drei Punkten und 17 Toren war uneinholbar.

Meistersterne
Die Bayern tragen auf dem Trikot über dem Vereinswappen seit 2008 vier „Meistersterne". Sie sind eine Ehrung für errungene Titel. Ab drei Meisterschaften gibt es einen Stern, ab fünf zwei, ab zehn drei und ab zwanzig vier Sterne.

Erfolge 2010: Schweinsteiger feiert die Deutsche Meisterschaft, Robben (rechts oben) den DFB-Pokal.

DEUTSCHER POKALSIEGER 2010

Auf dem Weg ins Finale schlug der FC Bayern die SpVgg Neckarelz (3:1), Rot-Weiß Oberhausen (5:0), Eintracht Frankfurt (4:0), die SpVgg Greuther Fürth (6:2) und schließlich, im Halbfinale, den FC Schalke 04 (1:0. n.V.). Arjen Robben entschied dieses Spiel durch ein tolles Solo in der Verlängerung. Im Endspiel wurde es dann nicht mehr knapp. Robben, Olic, Ribéry und Schweinsteiger trafen für einen Super-FCB, der ein chancenloses Werder Bremen mit 4:0 vom Platz fegte.

CHAMPIONS-LEAGUE-FINALE 2010

Zunächst sah es nicht sehr gut aus für den FC Bayern. In der Vorrunde sicherte erst ein tolles 4:1 gegen Juventus Turin das Weiterkommen. Auch danach kamen die Bayern noch mehrmals ins Wanken. Aber sie fielen nicht. Im Achtelfinale (2:1 und 2:3 gegen AC Florenz) und im Viertelfinale (2:1 und 2:3 gegen Manchester United) kamen sie jeweils nur deswegen weiter, weil sie ein Auswärtstor mehr geschossen hatten als der Gegner. Ganz knapp war es in Manchester, wo sie bereits mit 0:3 zurücklagen. Olic und Robben – mit einem perfekten

Volleyschuss – erzielten die wichtigen Anschlusstreffer. Im Halbfinale gegen Olympique Lyon (1:0 und 3:0) zeigten die Bayern dann beinahe Fußball in Vollendung. Der überragende Spieler beim glänzenden 3:0 im Rückspiel war der dreifache Torschütze Ivica Olic.

Im Finale gegen die extrem abwehrstarke Mannschaft von Inter Mailand platzte dann leider der Traum vom Gewinn der Champions League. Die Bayern versuchten zwar wie gewohnt, ihren Gegner mit viel Ballbesitz auszuspielen, aber sie fanden kaum eine Lücke und kamen nur zu wenigen Chancen. Inter dagegen wartete ab und startete dann überfallartige Gegenangriffe. Zweimal hatten die Mailänder damit Erfolg, und so verloren die Bayern mit 0:2. Grund zum Feiern gab es aber trotzdem, denn schließlich hatte die Mannschaft eine tolle Saison gespielt.

Finalgegner 2010 war Inter Mailand.

Gruß an die Gattin: Nach jedem Tor küsst Olic seinen rechten Ringfinger.

2011 gewann der FCB zwar keinen Titel, dafür aber wurde Mario Gomez mit 28 Treffern Torschützenkönig.

2011: UMBRUCH MIT JUPP HEYNCKES

In der Saison 2010/11 lief es beim FC Bayern plötzlich nicht mehr rund. In der Champions League gab es erneut eine Pleite gegen Inter Mailand, diesmal schon im Achtelfinale (1:0, 2:3). Im DFB-Pokal war das Halbfinale Endstation (0:1 gegen Schalke 04). Und auch in der Bundesliga waren die Leistungen nur mittelmäßig. Der umstrittene Trainer van Gaal wurde kurz vor dem Ende der Saison entlassen. Sein Assistent Andries Jonker sicherte immerhin noch den dritten Platz.

Für die neue Saison 2011/12 wurde mit Jupp Heynckes ein erfahrener Fußball-Lehrer verpflichtet. Unter seiner Anleitung legte die u. a. mit Nationaltorwart Manuel Neuer und dem Verteidiger Jerome Boateng verstärkte Mannschaft in der Bundesliga eine tolle Hinrunde hin: Nach 17 Spielen stand sie mit drei Punkten Vorsprung an der Tabellenspitze. Es war die 16. „Herbstmeisterschaft" – 14-mal hatten die Bayern danach auch den Meistertitel gewonnen.

2012: GESCHOCKT VON SCHWARZGELB

In der Rückrunde leistete sich das Heynckes-Team jedoch einige Niederlagen zu viel und rutschte auf Platz zwei ab. Am 30. Spieltag wollte der FCB beim BVB, der die Tabelle mit drei Punkten Vorsprung anführte, die Wende erzwingen. In einem ganz engen Spiel brachte Lewandowski die Dortmunder mit einem Hacken-Treffer in Führung. Robben hatte die Chance zum Ausgleich per Elfmeter. Doch er vergab und versiebte kurz vor Schluss auch noch eine weitere Riesenchance. Durch dieses 0:1 und ein 0:0 im Heimspiel gegen Mainz reichte es diesmal nur zur Vizemeisterschaft.

Die Chance auf die große Revanche gab es am 12. Mai im Finale des DFB-Pokals. Nachdem die Bayern im Halbfinale dank überragender Paraden von Manuel Neuer Borussia Mönchengladbach mit 4:2 im Elfmeterschießen ausgeschaltet hatten, wollten sie nun auch gegen die Borussia aus Dortmund die Verhältnisse wieder zurechtrücken. Viermal in Folge hatten sie in der Bundesliga gegen den BVB verloren, nun sollte endlich ein Sieg her. Doch daraus wurde nichts. Das Heynckes-Team geriet früh in Rückstand und verlor am Ende frustrierend deutlich mit 2:5. Es war eine extrem bittere, vor allem durch viele Abwehrfehler verursachte Niederlage.

2012 hatten die Bayern gegen die „Schwarzgelben" aus Dortmund nichts zu lachen: Arjen Robben entsetzt nach seinem verschossenen Elfmeter am 30. BL-Spieltag, und Bastian Schweinsteiger frustriert im DFB-Pokalfinale.

2012: ÜBER REAL INS „FINALE DAHOAM"

Für den FC Bayern blieb in der verflixten Saison 2011/12 noch eine große Hoffnung: die Champions League, deren Finale diesmal in der Münchner Allianz Arena angesetzt war. Nach relativ lockeren Siegen machten es Schweinsteiger & Co. erst im Halbfinale gegen die „Königlichen" von Real Madrid richtig spannend. Tore von Ribéry und Gomez hatten in München einen 2:1-Vorsprung beschert. Doch der war beim Rückspiel im Hexenkessel des Bernabéu-Stadions schon nach 14 Minuten durch zwei Treffer des Superstars Cristiano Ronaldo aufgebraucht. Nachdem Robben per Elfmeter auf 1:2 verkürzt hatte, musste die Entscheidung schließlich im Elfmeterschießen fallen. Zwei Bayern und drei Madrilenen verschossen, dann wurde Bastian Schweinsteiger zum Helden: Nervenstark verwandelte er den fünften und entscheidenden Elfmeter. Bayern München stand im Endspiel von München!

19. MAI 2012: DIE SCHLIMMSTE HEIM-NIEDERLAGE

Im Heim-Finale gegen den extrem defensiv eingestellten FC Chelsea aus London waren die Bayern von Beginn an in

Thomas Müller jubelte in der 83. Minute über sein 1:0 gegen den FC Chelsea ...

allen Belangen überlegen. Doch trotz zahlreicher Chancen wollte ihnen lange Zeit einfach kein Treffer gelingen. Erst in der 83. Minute brandete Jubel auf, als Thomas Müller per Kopf zum 1:0 einnetzte. Es war eine mehr als verdiente Führung, und die Roten sahen nun wie die sicheren Sieger aus.

Doch kurz darauf der Schock. Chelsea bekam seinen ersten Eckball, und daraus folgte die erste Großchance der „Blues" in der gesamten Spielzeit: Didier Drogba nahm Anlauf und köpfte wuchtig über Neuer hinweg ins Toreck zum 1:1. So kam es zur Verlängerung. Die Bayern versuchten noch einmal alles. Die größte Chance hatte Robben, doch er scheiterte bei einem Foulelfmeter.

Wie im Halbfinale musste erneut das Elfmeterschießen entscheiden. Es fing zunächst gut an. Manuel Neuer parierte einen Schuss, Lahm und Gomez trafen. Doch dann scheiterte Olic. Chelsea glich aus, Schweinsteiger schoss an den Pfosten! Schließlich lief der Bayern-Schreck Drogba an – und verwandelte sicher. 3:4, aus und vorbei!

... am Ende aber triumphierte Chelseas Starstürmer Didier Drogba. Der bereits 34 Jahre alte Torjäger von der Elfenbeinküste machte das Spiel seines Lebens und sicherte seinen „Blues" den Sieg.

2012/13: DIE STÄRKSTEN BAYERN ALLER ZEITEN

Zur Jubiläumssaison 2012/13, der 50. der Bundesliga, verstärkten die Bayern einmal mehr ihren Kader. Für die neue Rekord-Ablöse von 40 Mio. Euro kam der Spanier Javi Martinez, ein Mittelfeld-Stratege der Extraklasse. Der Brasilianer Dante sollte die Innenverteidigung stärken. Angreifer Mario Mandzukic, der alte Bekannte Claudio Pizarro sowie der quirlige Xherdan Shaquiri waren als Alternativen für das Sturmzentrum bzw. für das offensive Flügelspiel gedacht. Die Neuzugänge

Ein seltenes Bild: Jerome Boateng erzielt einen Treffer. Sein Kopfball zum 3:2 gegen Fortuna Düsseldorf am 25. Spieltag bescherte den Bayern einen Sieg und einen Rekord: 20 Punkte Vorsprung in der Liga!

erwiesen sich allesamt als Volltreffer. Sehr wichtig war darüber hinaus, dass Trainer Heynckes auch den Individualisten Ribéry und Robben das mannschaftsdienliche Spiel beibrachte. Beide zeigten wie bisher in offensiven Einzelaktionen ihre Stärken, arbeiteten jetzt aber auch fleißig in der Defensive mit. Die Anführer Schweinsteiger und Lahm kickten zuverlässig auf höchstem Niveau, ebenso die jüngeren Spieler wie Müller, Kroos, Boateng und Alaba. Torwart Neuer war wie gewohnt ein sicherer Rückhalt. Allerdings hatte er kaum etwas zu tun. Denn während vorne nach klugem und variablem Aufbauspiel oder nach schnellen und direkten Gegenstößen Tor um Tor fiel, arbeiteten die Bayern in der Defensive so konsequent, dass fast alle Gegner völlig hilflos waren.

Am 30. März 2013 gelang beim 9:2 gegen den HSV fast alles. Gelegenheitsstürmer Claudio Pizarro, vierfacher Torschütze, erzielt das 6:0 mit der Hacke.

DIE SAISON DER REKORDE

Vom ersten Spieltag an legten die Bayern furios los. Acht Siege in den ersten acht Spielen bedeuteten einen neuen Bundesliga-Startrekord. Dreimal, gegen Stuttgart, Düsseldorf und Hannover, gewannen sie mit fünf Toren Vorsprung. Bald hatten sie weitere Rekorde aufgestellt: Bereits am 14. Spieltag standen sie als Herbstmeister fest; und als die Hinrunde beendet war, hatten sie erst ein einziges (!) Auswärts-Gegentor hinnehmen müssen.

In der Rückrunde ging es so weiter. Am 25. Spieltag, nach einem etwas mühevollen 3:2 gegen Fortuna Düsseldorf, hatten sie bereits 20 Punkte Vorsprung. Am 27. Spieltag hätte es beim 9:2 gegen einen chancenlosen HSV einen neuen Torrekord geben können. Und als sie sich am 28. Spieltag mit einem 1:0-Sieg in Frankfurt den Titel sicherten, hatten sie noch einen Rekord aufge-

stellt: So frühzeitig war die Meisterschaft noch nie zuvor entschieden worden! Zum Ende dieser grandiosen Saison waren
die Bayern der Meister mit dem größten Vorsprung aller Zeiten (25 Punkte), den meisten Punkten (91), der besten Tordifferenz (+80) sowie den wenigsten Gegentoren (18). Und das
sind nur einige der Rekorde, die sie auf dem Weg zu ihrem 23.
Titel gebrochen hatten (siehe S. 7).

7:0-TRIUMPH GEGEN BARCELONA

In der Gruppenphase der Champions League belegten die
Bayern Platz eins vor dem FC Valencia. Im Achtelfinale hatten
sie etwas Mühe gegen Arsenal London, als sie im Hinspiel ein
3:1 vorlegten und dann beim 0:2 zuhause einen schlechten
Tag erwischten. Im Viertelfinale siegten sie gegen den italienischen Meister Juventus Turin enorm souverän zweimal mit
2:0. Nun ging es im Halbfinale gegen die Weltklassemann-
schaft des FC Barcelona mit Superstar Lionel Messi. Es wurde
ein sagenhafter Triumph. Im Hinspiel in der Allianz Arena hatten die haushoch überlegenen Hausherren eine Chance nach
der anderen. Thomas Müller erzielte in der 25. Minute per
Kopf das 1:0. In der zweiten Hälfte erhöhten Gomez, Robben
und erneut Müller auf 4:0. Das fantastische Bayern-Team hatte Barça mit Spiellust und Tempo, mit Willen und Ideen, mit
Teamgeist und Athletik in Grund und Boden gespielt. Beim
Rückspiel in Barcelona ließen die souveränen und cleveren
Bayern nichts mehr anbrennen, sie demütigten ihren Gegner.
Am Ende hieß es 3:0 für den FC Bayern. Das Gesamtergebnis
gegen das bis dahin weltbeste Team lautete somit 7:0!

*Meisterpyramide:
Franck Ribéry, Torwart
Tom Starke und
Kapitän Philipp Lahm
freuen sich über den
23. Meistertitel.*

*Halbfinal-Triumph
in der Champions
League: Soeben hat
Thomas Müller seine
überragende Leistung
gegen Barcelona mit
dem Treffer zum 4:0
gekrönt.*

Manuel Neuer zeigte im Finale von Wembley einige Weltklasse-Paraden. Hier klärt er gegen den Borussen-Stürmer Robert Lewandowski.

Das Finale von Wembley: Nach erfolgreichem Dribbling spitzelt Robben den Ball mit seinem linken Fuß an BVB-Torwart Weidenfeller vorbei zum 2:1-Siegtreffer ins Netz.

25. Mai 2013: Champions in Wembley

Im Champions-League-Finale in London kam es erstmals zu einem deutsch-deutschen Gipfeltreffen. Der Gegner hieß Borussia Dortmund. Die Bayern galten als Favorit, denn der BVB hatte es nur mit etwas Glück gegen Malaga und Real Madrid ins Endspiel geschafft. Spannung war dennoch zu erwarten. Schließlich hatten die Roten gegen die Schwarzgelben in den letzten sieben Spielen fünf Niederlagen kassiert. Immerhin: Im Viertelfinale des DFB-Pokals am 27. Februar war es den Bayern gelungen, den Dauerrivalen durch einen Treffer von Arjen Robben nach langer Zeit endlich wieder einmal zu schlagen.

Im Wembley-Stadion wurde es erneut eng. Die Borussen legten los wie die Feuerwehr, Bayern-Keeper Manuel Neuer musste sein Team mit einigen Weltklasse-Paraden vor einem Rückstand bewahren. Doch dann fanden Schweinsteiger & Co. allmählich besser ins Spiel. Vor allem Arjen Robben hatte einige hervorragende Chancen, konnte den starken BVB-Keeper Weidenfeller aber nicht überwinden. In der zweiten Hälfte rissen die nun wesentlich aggressiveren und mit Tempo über die Flügel angreifenden Bayern das Spiel endgültig an sich. In der 60. Minute

Die Aufstellung der Bayern im CL-Finale am 25. Mai 2013

Mandzukic**

Ribéry*   T. Müller   Robben

Javi Martinez   Schweinsteiger

Alaba   Dante   Boateng   Lahm

Neuer

*90+1 Luiz Gustavo, **90+4 Gomez

erzielte Mandzu-
kic nach Vorarbeit
von Ribéry und
Robben das 1:0.
Kurz darauf dann
der Schock, als
der Schiedsrich-
ter nach einem
Foul von Dante
an Reus Elfmeter
für Dortmund pfiff
und Gündogan
zum 1:1 ausglich.
Doch die Bayern

blieben am Drücker. In der 89. Minute hatte schließlich Arjen Robben seinen großen
Auftritt. Ribéry kam nach einem weiten Pass von Boateng an den Ball, behauptete
ihn gegen die Abwehrspieler der Borussia und leitete ihn per Hacke an den durch-
gestarteten Robben weiter. Der tanzte Hummels und Subotic aus und vollstreckte
überlegt zum 2:1. Dabei blieb es. Der FC Bayern war endlich wieder Champion von
Europa und durfte den „Henkelpott" nach München mitnehmen!

Die Bayern am Ziel ihrer Träume: Sieger der Champions League 2013!

1. Juni 2013: Das erste Triple ist perfekt

In der Titelsammlung 2013 des FC Bayern fehlte jetzt nur noch der DFB-Pokal. Nach
einem lockeren 6:1-Sieg im Halbfinale gegen den VfL Wolfsburg ging es im Finale
von Berlin gegen den krassen Außenseiter VfB Stuttgart. Die Bayern taten sich zunächst jedoch schwer. Erst in der 37. Minute, als der Schiedsrichter nach
einem Foul an Lahm auf Strafstoß entschieden hatte, sorgte Thomas
Müller für die Füh-
rung. In der zweiten
Halbzeit schraubte
der diesmal von Be-
ginn an eingesetz-
te Torjäger Mario Go-
mez das Ergebnis durch
zwei Tore auf 3:0. Die Bayern sahen bereits wie die sicheren Sieger aus. Doch Stuttgart
bäumte sich noch einmal auf und kam auf
3:2 heran. Zum Ausgleich reichte es jedoch nicht mehr. Und so konnte der FC
Bayern seine überragende Saison mit
dem dritten Titel krönen. Es war das erste Triple eines deutschen Vereins überhaupt!

Die besten Sprüche

„Dieser Verein ist eine Maschine, du verlierst zwei Finals, und alle bleiben dran – et voilà, jetzt ist alles gut." Franck Ribéry nach dem gewonnenen Finale von Wembley

„Jupp Heynckes hat Großartiges geleistet und eine grandiose Saison abgeliefert. Das Triple hat nicht einmal die großartige Mannschaft der 1970er Jahre geschafft." Karl-Heinz Rummenigge nach dem Sieg im Finale des DFB-Pokals

Trainer Jupp Heynckes, der 68-jährige „Architekt" des historischen Triples, verabschiedet sich nach der erfolgreichsten Bayern-Saison aller Zeiten mit dem DFB-Pokal.

69

2013/14: REKORDMEISTERSCHAFT MIT PEP

Mit Pep Guardiola kam der wohl weltbeste Trainer vom FC Barcelona zum FC Bayern. Er stand nach dem Triple-Triumph der vorhergehenden Saison vor keiner leichten Aufgabe. Es schien nahezu unmöglich, diese Supermannschaft noch besser zu machen, selbst wenn sie mit den Edeltechnikern Mario Götze und Thiago Alcantara nochmals verstärkt wurde. Doch nach leichten Anlaufschwierigkeiten spielten die Bayern bald wie aus einem Guss.

Hatten die Bayern schon in der letzten Spielzeit die Bundesliga unangefochten dominiert, so wurde es 2013/14 bald richtig langweilig. Bereits am 25. März 2014, dem 27. Spieltag, gewann der FCB mit einem 3:1 in Berlin gegen Hertha BSC seine 24. Meisterschaft. Seinen Konkurrenten war er meilenweit enteilt: Bei 25 Punkten Vorsprung auf den Zweitplatzierten Borussia Dortmund konnte in den restlichen sieben Spielen nichts mehr anbrennen. Es war

der am frühesten gewonnene Meistertitel aller Zeiten!

Alles sprach nun für einen erneuten Triple-Triumph. Im DFB-Pokal standen die Bayern bereits im Halbfinale. In der Champions League hatten sie überzeugend das Viertelfinale erreicht: Nach einer problemlosen Gruppenphase hatten sie im Achtelfinale Arsenal London mit 2:0 und 1:1 ausgeschaltet. Doch dann kam der April …

EIN BITTERER APRIL

Am 1. April begann die entscheidende Phase der Saison. Das Hinspiel im Viertelfinale der Champions League bei Manchester United endete 1:1. Im Rückspiel mussten die Bayern nach einem 0:1-Rückstand in der 57. Minute zum ersten Mal in dieser Spielzeit etwas zittern. Doch Mario Mandzukic, Thomas Müller und Arjen Robben sorgten binnen 19 Minuten noch für einen klaren Sieg.

25. März 2013: Nach einem 3:1 in Berlin gegen Hertha BSC können die Bayern bereits nach dem 27. Spieltag die früheste Meisterschaft aller Zeiten feiern. Weil es die richtige Schale erst später gibt, feiern Thiago, Boateng, Martinez, Alaba und Götze (von links) schon mal mit einer Plastik-Nachbildung.

Dass die Bayern dazwischen mit 0:1 beim FC Augsburg verloren hatten, war nicht dramatisch. Ärgerlich war allerdings die 0:3-Heimniederlage am nächsten Spieltag gegen Borussia Dortmund. Trotz eines anschließenden 5:1-Sieges gegen den Zweitligisten 1. FC Kaiserslautern im Halbfinale des DFB-Pokals schien es so, als wären die Bayern plötzlich außer Form geraten. Das bestätigte sich leider im Halbfinale der Champions League gegen Real Madrid.

Im Hinspiel in der spanischen Hauptstadt hatten sie zwar wie immer deutlich mehr Ballbesitz, aber sie verloren mit 0:1. Im Rückspiel am 29. April gab es dann statt der erwarteten Aufholjagd eine eiskalte Dusche. Bereits in der 34. Minute stand es nach zwei Kopfballtreffern von Sergio Ramos und einem Kontertor von Cristiano Ronaldo 0:3. Den Schlusspunkt zum bitterem 0:4-Endstand setzte erneut Ronaldo mit einem Freistoß in der 89. Minute, den er unter der hochspringenden Mauer hindurch verwandelte.

Franck Ribéry im Champions-League-Viertelfinale gegen Manchester United im April 2014. 2013 erhielt Ribéry folgende Auszeichnungen: Europas Fußballer des Jahres, Frankreichs Fußballer des Jahres, Mann des Jahres im deutschen Fußball. Außerdem wurde er hinter Ronaldo und Messi Dritter bei der Wahl des Weltfußballers 2013.

ZUM 17. MAL POKALSIEGER

Im 20. Pokalfinale des FC Bayern stand wieder einmal der Klassiker gegen Borussia Dortmund auf dem Programm. Thomas Müller hatte bereits in der 4. Minute das 1:0 auf dem Fuß, doch BVB-Keeper Weidenfeller konnte mit dem Kopf parieren. Danach entwickelte sich ein von vielen Zweikämpfen im Mittelfeld geprägtes Spiel. In der 64. Minute hatte der FCB Glück, als der Schiedsrichter bei einer Rettungsaktion von Dante den Ball nicht hinter der Linie sah. Das Spiel wurde schließlich in der Verlängerung entschieden. Arjen Robben vollstreckte in der 107. Minute cool zum 1:0. Der von Wadenkrämpfen geplagte Thomas Müller sorgte mit einer Energieleistung in der 120. Minute für den 2:0-Endstand und damit für den 17. Titel der Bayern im DFB-Pokal. Der Pokalgewinn bedeutete zugleich das zehnte Double der Vereinsgeschichte!

Die Guardiola-Taktik
Am 9. Spieltag, als die Bayern mit einem 4:1 gegen Mainz ihre Tabellenführung festigten, spielten sie in den 90 Minuten rekordverdächtige 817 Pässe. Das Geheimnis der neuen Bayern lag dabei nicht nur in den traumhaft sicher ablaufenden Ballstaffetten. Guardiolas Team war auch taktisch kaum mehr auszurechnen. Aus dem Kader von nahezu gleichwertigen Spitzenspielern komponierte der Trainer derart flexible Angriffsmelodien, dass die Gegner praktisch nicht mehr an den Ball kamen und sich in ihr Schicksal ergeben mussten.

Ausgelassener Jubel nach einem kräftezehrenden Pokalfinale.

Am 24. Spieltag bejubelten die Bayern einen 3:1-Auswärtssieg in Hannover (v.l.n.r.: Badstuber, Schweinsteiger, Neuer, Robben, Bernat, Müller, Rafinha, Ribéry, Lewandowski). Für Arjen Robben war es der 100. Bundesliga-Sieg in seinem 126. Einsatz. So schnell hat noch nie ein Spieler diese Marke erreicht. Der bisherige Rekordhalter, Thomas Müller, hatte für 100 Siege 148 Spiele benötigt.

2014/15: 25. MEISTERTITEL MIT HINRUNDEN-REKORDEN

Zu Beginn der Saison 2014/15 eilte der FCB weiter von Sieg zu Sieg und setzte seine Rekordjagd fort. Zum vierten Mal in Serie wurde er Herbstmeister. Mit dem 2:1-Sieg in Mainz am 17. Spieltag hatte der FCB 45 Punkte auf dem Konto, 34 der Verfolger Wolfsburg: 11 Punkte Vorsprung bedeuteten einen neuen Rekord. Ebenso hatte noch kein Verein in den 17 Hinrundenspielen weniger Gegentore kassiert: Ganze viermal hatte Manuel Neuer hinter sich greifen müssen.

Für die Bundesliga-Rückrunde war eigentlich nur die Frage spannend, ob die Bayern ihre eigenen Rekorde noch einmal verbessern würden. Dazu kam es jedoch nicht. Am 18. Spieltag gab es eine deftige 1:4-Niederlage in Wolfsburg, am 26. Spieltag folgte mit dem 0:2 gegen Borussia Mönchengladbach die erste Heimniederlage. Die Bayern wackelten also ein klein wenig. Die Meisterschaft allerdings konnte das nicht einmal im Ansatz gefährden. Bereits nach dem 30. Spieltag hatte das Team von Pep Guardiola einen uneinholbaren Vorsprung von 15 Punkten.

Dumm gelaufen: Philipp Lahm auf dem Hosenboden nach seinem Ausrutscher beim Elfmeterschießen im DFB-Pokal-Halbfinale gegen Borussia Dortmund.

DFB-POKAL: AUSRUTSCHER IM ELFMETERSCHIESSEN

Im Viertelfinale des DFB-Pokals gegen Leverkusen, das nach 120 Minuten noch 0:0 stand, hatten sich die Bayern noch als sichere Elfmeterschützen gezeigt. Manuel Neuer hielt einen Schuss, alle fünf Bayern trafen – der FCB war weiter. Im Halbfinale gegen Borussia Dortmund waren die Bayern die deutlich bessere Mannschaft, dennoch stand es nach 120 Minuten nur 1:1. Diesmal nützte es nichts, dass Manuel Neuer einen Schuss parieren konnte. Denn zuvor waren bereits Philipp Lahm und Xabi Alonso am Punkt ausgerutscht und hatten das Ziel verfehlt. Außerdem war Mario Götze an Dortmunds Keeper Langerak gescheitert. Als dann Manuel Neuer antrat und an die Latte schoss, war das Spiel verloren und der Traum vom Triple ausgeträumt.

CHAMPIONS LEAGUE:
SCHMERZHAFTES AUS GEGEN BARÇA

Die einzige Niederlage in der ersten Saisonhälfte hatten die Bayern am 25. November 2014 kassiert, als sie bei Manchester City knapp mit 2:3 verloren. Sie war jedoch völlig bedeutungslos, da ihnen der erste Platz in der Champions-League-Gruppe E nicht mehr zu nehmen war. Über Schachtar Donezk, das sie mit 0:0 und 7:0 ausschalteten, spazierte Pep Guardiolas Mannschaft ins Viertelfinale. Dort kam es durch mehrere Abwehrfehler zu einer unerwarteten 1:3-Niederlage beim FC Porto. Doch die Bayern wetzten die Scharte mit einer Weltklasse-Leistung im Rückspiel wieder aus: Der überragende Thiago, Boateng, Lewandowski, Müller und noch einmal Lewandowski sorgten innerhalb von 39 Minuten für eine 5:0-Führung, der Endstand lautete schließlich 6:1. Im Halbfinale wurde dem FCB mit dem FC Barcelona, dem Ex-Verein von Trainer Pep Guardiola, der denkbar schwerste Gegner zugelost. Die Ausgangssituation war schwierig: Während Barça mit seinem kompletten Supersturm – Messi, Neymar, Suárez – antreten konnte, mussten die Bayern ohne ihre verletzten Stars Ribéry und Robben auskommen. Das Hinspiel in Spanien, bei dem vor allem Messi überragend aufspielte, verlief bitter: Bis zur 76. Minute stand es noch 0:0, am Ende aber hatten die Bayern mit 0:3 verloren. Das war zuviel, um das Blatt im Rückspiel noch wenden zu können. Immerhin gelang mit einem 3:2-Sieg in der Allianz Arena ein ehrenvoller Abschied aus dem Wettbewerb.

Fußballgott
Der im oberbayerischen Kolbermoor geborene Bastian Schweinsteiger feierte Ende 2002 sein Debüt in der Bundesliga. Viele Jahre war er nicht nur ein gewandter Ballverteiler, sondern auch das Herz im Spiel der Bayern und der Nationalmannschaft. Unter Trainer Louis van Gaal fand „Schweini" als Sechser vor der Abwehr seine ideale Rolle als Schlüsselspieler zwischen Defensive und Offensive. Der in München als „Fußballgott" Gefeierte suchte 2015 noch einmal eine neue Herausforderung bei Manchester United. Ende März 2017 wechselte er in die nordamerikanische Major League Soccer zu Chicago Fire.

Der Anfang vom Ende im Halbfinale der Champions League: Die Barça-Spieler bejubeln in der 77. Minute des Hinspiels das 1:0 von Lionel Messi, Bayerns Xabi Alonso ist geknickt.

REKORDE 2015/16: DER VIERTE MEISTERTITEL IN FOLGE

Gleich am Anfang der Saison 2015/16 legte der FC Bayern einen neuen Rekord hin: Zehn Siege in Folge zum Saisonbeginn gab es noch nie. Der Treffer von Thomas Müller zum 4:0-Endstand gegen den 1. FC Köln am 10. Spieltag war bereits der 33. Treffer der Bayern. Nie zuvor hatte ein Bundesliga-Team in zehn Spielen so viele Tore geschossen. Zudem hatten die Bayern mit diesem Sieg als erste Mannschaft 1.000 Siege in der Bundesliga erreicht.

Erst am 15. Spieltag gab es in Mönchengladbach ein 1:3 und damit die erste Niederlage nach 56 Hinrunden-Siegen in Folge! Mit dem 2:0-Sieg gegen den Aufsteiger Ingolstadt sicherten sich die Bayern bereits am 16. Spieltag vorzeitig die Herbstmeisterschaft. Es war – wieder ein Rekord – der fünfte Herbstmeistertitel in Folge.

Die Rückrunde verlief nicht mehr ganz so beeindruckend, aber weiterhin erfolgreich. Es gab nur eine einzige weitere Niederlage, und am 33. Spieltag hatten die Bayern mit der vierten Meisterschaft in Folge einen weiteren Rekord aufgestellt. Robert Lewandowski wurde mit 30 Treffern bester ausländischer Torschützenkönig aller Zeiten. Mit nur 17 Gegentoren stellte der FC Bayern bei seiner 26. Titel-Saison noch eine weitere Bestmarke auf.

Eine Handvoll Treffer: Lewandowski-Jubel beim 5:1 gegen den VfL Wolfsburg am 6. Spieltag, als er nach seiner Einwechslung sagenhafte fünf Treffer innerhalb von neun Minuten schoss. So schnell hatte noch niemand so viele Tore erzielt.

DFB-POKAL: DER 18. TITELGEWINN

Ohne allzu große Probleme schoss sich der FC Bayern ins Pokalfinale, wo er erneut auf den alten Rivalen Borussia Dortmund traf. Nach 120 torlosen Minuten musste wieder einmal das Elfmeterschießen entscheiden. Diesmal war das Glück auf der Seite der Bayern. Manuel Neuer parierte den Schuss des Dortmunders Bender, dann schoss Sokratis an den Pfosten. Als Joshua Kimmich an BVB-Keeper Bürki scheiterte, wurde es noch mal spannend. Doch schließlich machte Douglas Costa als fünfter Bayern-Schütze mit dem Treffer zum 4:3 alles klar. In ihrem 21. Finale hatten sich die Bayern zum 18. Mal den DFB-Pokal gesichert.

Pokalfinale 2016 gegen Dortmund: Douglas Costa verwandelt entschlossen den letzten Elfmeter.

Rettung in letzter Minute: Thomas Müllers Kopfball zum 2:2 im CL-Achtelfinale gegen Juventus Turin.

CHAMPIONS LEAGUE: KEIN GLÜCK GEGEN ATLÉTICO

In der Vorrundengruppe F holten sich die Bayern gegen den FC Arsenal, Olympiakos Piräus und Dinamo Zagreb souverän den ersten Platz. Im Achtelfinale gelang ein 2:2 beim italienischen Meister Juventus Turin. Als die Italiener dann im Rückspiel zwei Treffer vorlegten, wurde es richtig eng. Nach dem Anschlusstreffer von Lewandowski gelang Thomas Müller erst in der letzten Spielminute der heiß ersehnte Ausgleich. Thiago und Kingsley Coman sorgten schließlich in der Verlängerung mit ihren Treffern zum 4:2-Endstand für einen viel umjubelten Erfolg.

Über Benfica Lissabon, das sie mit 1:0 und 2:2 ausschalteten, erreichten die Bayern zum fünften Mal in Folge das Halbfinale der Champions League. Dort gelang in Madrid gegen Atlético ein gutes Spiel, das aber mit einer 0:1-Niederlage endete. Im Rückspiel traf Xabi Alonso zum 1:0. Nun schien alles möglich, zumal Guardiolas Team drückend überlegen waren. Doch Atlético schaffte mit einem einzigen schnellen Konter das 1:1. Die famos aufspielenden Münchner hatten weiterhin zahlreiche Chancen, Lewandowski erzielte schließlich den 2:1-Siegtreffer. Aber das reichte aufgrund der Auswärtstor-Regel nicht. Wie in den beiden Jahren zuvor gab es ein frustrierendes Aus im Halbfinale.

Ratlos: Bayern-Trainer Pep Guardiola beim bitteren Aus gegen Atlético Madrid. Zum dritten Mal hintereinander war er mit den Bayern im Halbfinale gescheitert. Nach dem Saisonende wechselte er zum englischen Spitzenklub Manchester City.

2016/17: WENIG GLANZ, ABER VIELE SIEGE

Der FC Bayern gestaltete die erste Hälfte der Bundesliga-Saison 2016/17 wie in den letzten Jahren gewohnt erfolgreich. Allerdings war die Spielweise der Mannschaft unter dem neuen Trainer Carlo Ancelotti, der vor allem auf die älteren und erfahrenen Spieler vertraute, nicht mehr ganz so attraktiv. Die Ergebnisse passten aber, mal abgesehen von einem 0:1 in Dortmund, durch das der FCB vorübergehend auf Platz zwei hinter dem überraschend starken Aufsteiger RB Leipzig zurückfiel.

Auch in der Champions League kamen die Bayern nicht ins Stolpern – im Achtelfinale schlugen sie Arsenal London zweimal mit 5:1 – und machten im DFB-Pokal durch ein 3:0 gegen Schalke 04 den Einzug ins Halbfinale perfekt. So waren auf der Zielgeraden der Saison noch alle Chancen auf das Triple da.

DRAMA GEGEN REAL

Zum Auftakt der entscheidenden Wochen zeigten die Bayern am 4. April beim 0:1 in Hoffenheim ungewohnte Schwächen. Zweifel am Können der Mannschaft wurden aber umgehend beseitigt, als sie im Bundesliga-Heimspiel am 8. April Borussia Dortmund mit 4:1 vom Platz fegten. Vier Tage später schien auch im Viertelfinale der Champions League zuhause gegen Real Madrid zunächst alles nach Plan zu laufen. 45 Minuten lang hatten die Gastgeber die Spanier komplett im Griff, durch einen Treffer von Arturo Vidal lagen sie mit 1:0 in Führung. Doch plötzlich kippte das Spiel. Madrids Superstar Cristiano Ronaldo traf zweimal, und da der Bayern-Sturm ohne den verletzt fehlenden Robert Lewandowski zu harmlos war, hieß es am Ende 1:2.

Beim Rückspiel am 18. April in Madrid war Lewandowski wieder dabei und sorgte dann tatsächlich auch für die Führung. Nach 90 Minuten – Ausgleich durch Ronaldo und erneute Führung durch ein Eigentor von Ramos – hatten die Bayern noch alle Chancen. Doch als der Schiedsrichter in der 105. Minute eine klare Abseitsposition übersah, vollstreckte Ronaldo zum 2:2. Die Bayern, die nach einer Gelb-Roten Karte für Vidal nur noch zu zehnt waren, konnten nicht mehr kontern und verloren mit 2:4.

> „Wir wollen keine langweilige Liga. Doch am Ende wollen wir Meister werden. Natürlich ist es für die Fans und uns besser, wenn wir enge Spiele sehen. Leipzig und Dortmund haben gute Spieler. Es bleibt spannend."
>
> Hasan Salihamidzic, seit dem 1. August 2017 Sportdirektor des FC Bayern

Am 18. April hatte Cristiano Ronaldo in Madrid beim 4:2 gegen die Bayern gleich dreimal Grund zum Jubeln. Insgesamt hatte er in Hin- und Rückspiel unglaubliche fünf Tore erzielt.

Eine Handvoll Titel: Mit dem 6:0-Sieg gegen Wolfsburg machte der FC Bayern den fünften Meistertitel in Folge seit 2013 perfekt.

POKAL-AUS UND MATTER MEISTERJUBEL

Eine frustrierte Bayern-Mannschaft spielte am 26. April im Halbfinale des DFB-Pokals gegen Borussia Dortmund überzeugend auf, versäumte es aber, ihre zahlreichen Chancen zu verwerten. Weil der BVB bei seinen Kontern effizienter war, kam am Ende ein unglückliches 2:3 heraus. Nach dieser weiteren bitteren Niederlage traten die Bayern drei Tage später in Wolfsburg mit einer gewissen Wut im Bauch an. Sie machten von Beginn an Druck und erspielten sich gute Torchancen. David Alaba eröffnete den Torreigen in der 19. Minute mit einem gefühlvoll über die Mauer gezirkelten 20-Meter-Freistoß. Robert Lewandowski mit einem Doppelpack bis zur Halbzeit, sowie Arjen Robben, Thomas Müller und Joshua Kimmich steuerten die weiteren Treffer zu einem überlegenen 6:0 bei. Da Verfolger Leipzig gegen Ingolstadt nur 0:0 gespielt hatte, war damit an diesem 31. Spieltag der Bundesliga der 27. Meistertitel erreicht.

Zum letzten Höhepunkt der Saison wurde das nun eigentlich bedeutungslose, dann aber extrem wilde und unterhaltsame Spitzenspiel in Leipzig am vorletzten Spieltag. Gegen das temporeiche junge RB-Team lagen die Bayern bis zur 65. Minute mit 2:4 zurück. Das wollten sie nicht auf sich sitzen lassen. Lewandowski und Alaba schafften bis zur 90. Minute den Ausgleich. Es lief bereits die 5. Minute der Nachspielzeit, als Robben den Siegtreffer zum 5:4-Endstand erzielte. Alle waren sich einig: Leipzig wird sicher auch im nächsten Jahr ein ernsthafter Konkurrent sein.

Lahm sagt Servus
Der Titel von 2017 war bereits der achte für den gebürtigen Münchner Philipp Lahm. Mit dem Empfang der Meisterschale und als "Fußballer des Jahres" beendete der langjährige Kapitän, der Deutschland im Jahr 2014 zum WM-Titel geführt hatte, im Alter von 33 Jahren seine Karriere. Der extrem ballsichere Stratege zählte auf seiner angestammten Position als Außenverteidiger zur Weltklasse und leistete sich fast nie ein schwaches Spiel. Mit ihm beendete auch der bereits 35-jährige spanische Passkünstler Xabi Alonso seine aktive Laufbahn. Er war 2014 im Tausch gegen den deutschen Nationalspieler Toni Kroos von Real Madrid gekommen.

Küsschen von Trainer Ancelotti für Arjen Robben nach dessen Siegtreffer gegen Leipzig in der Nachspielzeit.

2017/18: NEUERS AUSFALL UND HEYNCKES' WIEDERKEHR

Vor dem Anpfiff der Saison verstärkte sich der FC Bayern mit etlichen Spielern. Die namhafteste Neuverpflichtung und zugleich der absolute Wunschspieler von Trainer Ancelotti war der von Real Madrid ausgeliehene James Rodriguez, der kolumbianische WM-Star von 2014. Abwehrspieler Niklas Süle und der defensive Mittelfeld-Mann Sebastian Rudy kamen aus Hoffenheim, der ausgeliehene Flügelflitzer Kingsley Coman kehrte von Juventus Turin zurück, das französische Mittelfeld-Ass Corentin Tolisso wurde von Olympique Lyon verpflichtet.

Die Bayern schienen gut gewappnet, bekamen dann aber auf der Torwartposition ein Problem: Manuel Neuer, der sich in der Vorsaison zweimal den Fuß gebrochen hatte, fiel im September 2017 wegen derselben Verletzung erneut aus. Für ihn musste ab dem 5. Spieltag der Ersatzmann Sven Ulreich des Tor hüten.

Champions-League-Halbfinale: Beim Rückspiel in Madrid kann Joshua Kimmich (links Niklas Süle) schon in der 3. Minute seinen Führungstreffer bejubeln. Am Ende aber scheiterten die Bayern knapp.

Schwachen Leistungen und mageren Ergebnissen in der Bundesliga – nur 13 Punkte aus den ersten sechs Spielen – folgte am 27. September in der Champions League die ganz große Ernüchterung. Gegen den mit Brasiliens Weltstar Neymar verstärkten Millionen-Klub Paris Saint-Germain setzte es eine 0:3-Niederlage. Die Bayern-Führung war über diesen Saisonauftakt entsetzt und zog nur wenige Stunden später die Konsequenzen: Trainer Ancelotti, dem man u. a. ein zu lasches Training vorwarf, wurde entlassen.

Der 72-jährige Oldie Jupp Heynckes, eigentlich schon längst im Ruhestand, übernahm zum vierten Mal das Training bei den Bayern. Tatsächlich brachte er die Mannschaft mit seiner ruhigen Art und konsequenter Arbeit wieder auf Kurs. Spieler, die unter Ancelotti geschwächt hatten, fanden wieder zu ihrer Leistungsstärke, auch Torhüter Ulreich entwickelte sich zu einem sicheren Rückhalt. Die Bayern starteten eine Siegesserie, bereits am 10. Spieltag übernahmen sie von Borussia Dortmund die Tabellenführung. Und auch in den anderen Wettbewerben lief es nun deutlich besser.

Nach einer berauschenden Bundesliga-Rückrunde, in der sie nicht nur bei einem 6:0-Heimsieg gegen den BVB begeisterten, sicherten sich die Bayern bereits am 29. Spieltag mit einem 4:1-Sieg beim FC Augsburg ihre sechste Meisterschaft in Folge. Am Ende liefen sie mit einem Vorsprung von 21 Punkten vor dem Zweitplatzierten FC Schalke 04 ins Ziel.

DFB-Pokalfinale: In der Nachspielzeit wird Javi Martinez beim Spielstand von 1:2 im Frankfurter Strafraum gefoult. Der mögliche Elfmeterpfiff bleibt aber aus.

CHAMPIONS LEAGUE: KNAPPES AUS GEGEN REAL

In der K.-o.-Phase der Champions League, die sie als Zweiter der Vorrundengruppe B erreicht hatte, gelangte die Heynckes-Mannschaft über Besiktas Istanbul und den FC Sevilla ins Halbfinale. Dort wartete einmal mehr Real Madrid. Anders als in den Vorjahren konnten die Bayern diesmal gegen den alten Rivalen überzeugen. Gehandicapt durch zahlreiche Verletzungsausfälle verloren sie in München äußerst unglücklich mit 1:2. In Madrid waren sie ebenfalls die bessere Mannschaft, holten aber nur – auch, weil sich der bisher so starke Torhüter Ulreich einen Aussetzer erlaubte – nur ein 2:2-Unentschieden.

DFB-POKAL: FINAL-NIEDERLAGE GEGEN KOVAC

Die Bayern waren mit klaren Siegen – darunter ein 6:2 im Halbfinale gegen Bayer Leverkusen – ins Pokalfinale vorgedrungen und galten dort gegen das Überraschungsteam von Eintracht Frankfurt als haushoher Favorit. Pikant war allerdings, dass der Trainer des Gegners, Niko Kovac, zu diesem Zeitpunkt bereits als Heynckes-Nachfolger feststand. Die Bayern hatten etwas Pech, mussten aber eine am Ende nicht unverdiente 1:3-Niederlage gegen die vom künftigen FCB-Trainer hervorragend eingestellte Eintracht hinnehmen.

Der neue Trainer Niko Kovac in der Allianz-Arena, hinter ihm sein großer Schatten Jupp Heynckes. Der Pokalsieg mit Eintracht Frankfurt gegen seinen Vorgänger beim FCB war Kovacs erster Titel als Trainer überhaupt.

HERBST 2018: MAGERKOST UNTER KOVAC

Der neue Mann auf der Kommandobrücke, Niko Kovac, hatte durch seinen Pokalerfolg mit Eintracht Frankfurt seine Qualitäten eindrucksvoll unterstrichen. Dennoch zweifelten nicht wenige Bayern-Beobachter daran, dass sich der 46-Jährige in München würde durchsetzen können. Die Erwartungen für die Spielzeit 2018/19 waren für Bayern-Verhältnisse auch deswegen etwas gedämpft, weil die Bosse Uli Hoeneß und Karl-Heinz Rummenigge eine Übergangssaison ausgerufen hatten. Der Kader für die neue Spielzeit wies keine spektakulären Veränderungen aus. Von den Stammspielern verließ nur Arturo Vidal (FC Barcelona) den Verein. Neu dabei waren Leon Goretzka (FC Schal-

Lasst die Toreflut beginnen! Robert Lewandowski bejubelt mit Kingley Coman dessen Treffer zum 1:0 gegen Wolfsburg. Es sollten noch fünf weitere Bayern-Tore folgen …

ke 04) sowie die Leih-Rückkehrer Renato Sanches (Swansea City) und Serge Gnabry (Hoffenheim).

Kovacs Start war vielversprechend: In seinem ersten Pflichtspiel, dem Supercup, gewann er mit 5:0 gegen seinen Ex-Klub Eintracht Frankfurt. Auch der Start in die Bundesliga verlief mit vier Siegen in Folge bayerngemäß. Dann aber wurde es holprig. Auf ein 1:1 zuhause gegen den FC Augsburg und ein 0:2 in Berlin gegen Hertha BSC folgte am 7. Spieltag eine beschämende 0:3-Heimniederlage gegen Borussia Mönchengladbach. Der Versuch, den Kontakt zur Spitze nicht abreißen zu lassen, scheiterte am 11. Spieltag, als das Auswärtsspiel in Dortmund trotz zweier Lewandowski-

Tore und einer 2:1-Führung mit 2:3 verloren ging. Nach einem mäßigen 3:3 im anschließenden Heimspiel gegen den Aufsteiger Fortuna Düsseldorf lag der FCB am 12. Spieltag nur auf Rang fünf – neun Punkte hinter dem von Trainer Lucien Favre auf Hochform getrimmten Tabellenführer BVB.

FRÜHJAHR 2019: TROTZ AUFSCHWUNG K. O. GEGEN LIVERPOOL

Niko Kovac kam aufgrund der mageren Ergebnisse immer mehr in die Kritik, zumal auch die Auftritte im DFB-Pokal nicht überzeugend waren. Ein 1:0 und ein 2:1 bei den Regionalligisten SV Drochtersen/Assel bzw. SV Rödinghausen sowie ein 3:2 n.V. bei Hertha BSC waren nicht das, was vom ruhmreichen FCB erwartet wurde. Immerhin: Während die Dortmunder zunehmend schwächelten, stabilisierten sich die Leistungen des Kovac-Teams in der Bundesliga allmählich. Und in der Gruppenphase der Champions League blieb es gegen Ajax Amsterdam, Benfica Lissabon und AEK Athen ohne Niederlage und qualifizierte sich somit ziemlich mühelos für das Achtelfinale.

Seine beeindruckende Aufholjagd in der Bundesliga krönte der FC Bayern am 24. und 25. Spieltag mit zwei fantastischen Siegen – 5:1 in Mönchengladbach und 6:0 gegen Wolfsburg. Damit hatten die Roten den Rückstand auf die Schwarzgelben auf- und diese in der Tabelle sogar überholt: Punktgleich, aber mit einer um zwei Treffer besseren Tordifferenz grüßten sie von Platz eins. Alles sah also wieder gut aus an diesem 9. März 2019, zumal man sich auch im Achtelfinal-Hinspiel der Champions League mit dem 0:0 an der Anfield Road

Gratulation an den Sieger: Niko Kovac und Liverpools Jürgen Klopp.

gegen Liverpool achtbar geschlagen hatte. Beim Rückspiel am 13. März in der Allianz Arena zeigte das von Jürgen Klopp trainierte Team aus Nordengland den Kovac-Bayern allerdings die Grenzen auf. Das 1:3 gegen Liverpool bedeutete das früheste Europapokal-Aus der Bayern seit 2011 (damals gegen Inter Mailand).

Besonderer Rekord
Nach dem 6:0 gegen Mainz am 26. Spieltag hatte der FCB einen ganz besonderen Rekord aufgestellt: Keinem anderen Verein war es bis dahin gelungen, in drei aufeinanderfolgenden Spielen jeweils mindestens fünf Tore zu erzielen.

SERVUS & DANKE
FÜR KAMPF UND EINSATZ IM NAMEN UNSE

Choreografie zum Abschied von Franck Ribéry und Arjen Robben, die als flinke und torgefährliche Dribbler über viele Jahre die berühmte Flügelzange „Robbery" gebildet hatten. Ribéry holte seit 2008 insgesamt neun (!) Meisterschaften mit dem FCB – und ist damit alleiniger Rekordhalter. Mit den langjährigen Publikumslieblingen verließen zum Ende der Saison auch der Brasilianer Rafinha sowie der Kolumbianer James Rodriguez den Verein.

HIGHLIGHT GEGEN DEN BVB

Nachdem der FC Bayern durch ein 1:1 in Freiburg die Bundesliga-Tabellenführung wieder verspielt hatte, hätte es im Pokal-Viertelfinale gegen den Zweitligisten 1. FC Heidenheim beinahe eine Blamage gegeben. Ein 1:2-Rückstand zur Halbzeit konnte in einer wilden zweiten Hälfte mit Glück noch in einen 5:4-Sieg umgewandelt werden. Nur drei Tage später, am 6. April, ging es am 28. Spieltag in der Allianz Arena ins direkte Duell gegen den Rivalen Borussia Dortmund. Der mit Spannung erwartete 100. Bundesliga-Vergleich zwischen dem deutschen Rekordmeister und dem wiedererstarkten BVB verlief überraschend einseitig. Der vom Anpfiff weg dominante FC Bayern überrollte die erstaunlich harm- und hilflosen Dortmunder geradezu und kam mit frappierender Selbstverständlichkeit zu Torerfolgen. Hummels per Kopf, Lewandowski per Seitfallzieher, Martinez per Schlenzer und Gnabry erneut per Kopf stellten das Ergebnis bereits zur Halbzeit auf 4:0. Die nach allen Regeln der Kunst vorgeführten Gäste konnten

noch froh sein, dass die Gastgeber mit ihren Chancen extrem verschwenderisch umgegangen waren. In der zweiten Hälfte ließen es die Bayern dann gnädig angehen. Sie begnügten sich mit einem weiteren Treffer, den Torjäger Lewandowski auf schöne Vorarbeit von Kimmich und Gnabry in der 89. Minute erzielte. 5:0 – was für ein saftiger Sieg! Und was für ein fulminantes Ausrufezeichen im Kampf um die Meisterschaft!

MEISTERTITEL IM ENDSPURT

Nach drei weiteren Siegen und einem überraschenden 1:1 beim Absteiger Nürnberg hatte der FCB vor den letzten beiden Spieltagen vier Punkte mehr auf dem Konto als der Verfolger BVB. Kovac & Co. machten es aber noch einmal spannend: Da in Leipzig nur ein 0:0 heraussprang, während der BVB einen 3:2-Heimsieg gegen Düsseldorf landete, war es plötzlich nur noch ein Zwei-Punkte-Vorsprung. Erstmals seit 2010 musste die Entscheidung über den Titel am letzten Spieltag fallen.

Zur Halbzeit führten die Bayern in ihrem Heimspiel gegen Eintracht Frankfurt mit 1:0, die Dortmunder lagen auswärts in Mönchengladbach ebenfalls mit 1:0 vorne. Nach dem Ausgleich durch Frankfurt kurz nach Wiederanpfiff machten die Roten ernst. David Alaba und Renato Sanches stellten auf 3:1, dann hatten zwei Altstars, deren Abschied bereits feststand, ihren großen Auftritt: Franck Ribéry und Arjen Robben trafen in ihrem letzten Bundesligaspiel zum 5:1-Endstand. Einen schöneren Abschied von ihren Fans in der Allianz Arena hätten sich die beiden kaum wünschen können.

Serge Gnabry feiert seinen Treffer zum 4:0 gegen den BVB mit einem an NBA-Star James Harden angelehnten „Rührschüssel-Jubel"; Kollege Alaba würzt noch etwas nach.

DAS ZWÖLFTE DOUBLE

Und es war in dieser Saison noch ein weiterer Titel fällig. Obwohl sich die Bayern im Pokalwettbewerb nicht eben mit Ruhm bekleckert hatten – im Halbfinale gab es auch nur ein knappes 3:2 bei Werder Bremen –, gingen Niko Kovac und seine Mannschaft mit enormer Siegesgier in das Finale gegen RB Leipzig. Tatsächlich wurde es dann eine überraschend klare und einseitige Angelegenheit. Lewandowski (29.), Coman (78.) und erneut Lewandowski (85.) schossen einen deutlichen 3:0-Sieg heraus. Der 19. Pokalsieg bedeutete zugleich das zwölfte Double in der Geschichte des FC Bayern. Und für Niko Kovac bedeutete der Sieg einen ganz besonderen Triumph: Bereits 2003 hatte er als Bayern Spieler das Double gewonnen; außer ihm hatte es keiner fertiggebracht, den Double-Erfolg als Trainer zu wiederholen.

Im Bild v.l.n.r.: Robben, Rafinha und Ribéry feiern den Triumph im DFB-Pokal nach dem 3:0-Endspielsieg gegen RB Leipzig.

DIE TRIPLE-SAISON 2019/20: AUFTAKT

Am 3. August 2019 startete der FC Bayern mit einer 0:2-Supercup-Niederlage gegen Vizemeister Borussia Dortmund in die Saison 2019/20. Für die hatten sich die Bayern mit dem 80 Mio. Euro teuren Innenverteidiger Lucas Hernández (Atlético Madrid) einen neuen Rekordtransfer geleistet. Weitere Neuverpflichtungen waren der französische Weltmeister Benjamin Pavard (VfB Stuttgart) und der Spanier Alvaro Odriozola (Real Madrid) für die Defensive, der Mittelfeldspieler Michael Cuisance (Borussia Mönchengladbach) und das Offensivtalent Fiete Arp (Hamburger SV) sowie – als Leihspieler – der Brasilianer Philippe Coutinho (FC Barcelona) und der Kroate Ivan Perisic (Inter Mailand).

Mit vier Siegen und zwei Unentschieden geriet der Saisonauftakt von den Ergebnissen her recht zufriedenstellend. Am 6. Spieltag grüßte die Mannschaft von der Spitze der Tabelle. Torjäger Robert Lewandowski hatte bereits den ersten Rekord aufgestellt: Noch nie zuvor war es einem Bundesliga-Spieler gelungen, zu diesem frühen Saisonzeitpunkt eine zweistellige Anzahl von Treffern zu Buche stehen zu haben. Spielerisch freilich waren die Vorstellungen der Bayern nicht eben berauschend, in der Folge blieben dann auch die Ergebnisse aus. In den nächsten vier Spielen gelang nur ein Sieg, dazu gab es ein Unentschieden und zwei Niederlagen. Die letzte, das desaströse 1:5 bei Eintracht Frankfurt am 2. November, führte zur Entlassung von Trainer Niko Kovac.

„Lewy" stellt auf 3:0 gegen Dortmund – es ist sein 16. Saisontreffer am gerade mal 11. Spieltag! An jedem der vorangegangenen Spieltage hat er ebenfalls getroffen – das ist in der Bundesliga noch nie dagewesen!

FLICK ZAUBERT DIE KRISE WEG

Hansi Flick, ehemaliger Bayern-Spieler und bisheriger Co-Trainer, sollte es nun richten. Mit zwei 4:0-Siegen zu Hause gegen Dortmund und auswärts in Düsseldorf gelang ihm ein toller Start. Alles schien bestens zu laufen: Die Bayern und vor allem Torjäger Robert Lewandowski, der bis zum 11. Spieltag immer traf und mit dem 3:0 gegen Dortmund bereits seinen 16. Saisontreffer erzielte – was zwei neue Rekorde bedeutete – schienen die Tabelle unaufhaltsam von hinten aufzurollen. Doch dann setzte es hintereinander zwei unerwartete 1:2-Niederlagen: zu Hause gegen Bayer Leverkusen und auswärts in Mönchengladbach. Nach diesem 14. Spieltag rangierte der FCB mit 24 Punkten und sieben Punkten Rückstand auf Tabellenführer Mönchengladbach auf dem 7. Platz. Vier Spieltage zuvor, nach dem letzten Spiel unter Kovac, waren die Bayern Vierter und hatten vier Punkte Rückstand. Es schien sich nichts gebessert zu haben. Aber: Die Auftritte der Bayern unter Hansi Flick wirkten selbst bei den Niederlagen inspirierter und spielerisch weit besser als zuvor.

ZURÜCK IN DER SPUR

Dem völlig unaufgeregten Hansi Flick, der als Co-Trainer von Jogi Löw 2014 den WM-Titel geholt hatte, gelang es mit erstaunlicher Selbstverständlichkeit, seinen Spielern nicht nur die verloren gegangene Spiellust, sondern auch die einst gewohnte Konsequenz und Bissigkeit wieder zurückzugeben. Zum Ende der Hinrunde stand die zuvor oft wacklige Defensive nun wieder

Hat gut lachen nach seinem 4:0-Debüt gegen Borussia Dortmund: der neue Bayern-Cheftrainer Hansi Flick

sicher, und vorne trafen die Stürmer, allen voran Torjäger Robert Lewandowski, wie sie wollten. Nach drei souveränen Siegen gingen die Bayern als Tabellenvierter mit vier Punkten Rückstand auf Spitzenreiter RB Leipzig in die Winterpause.

Alle Titel lagen noch in Reichweite, da sich der FCB im DFB-Pokal durch Siege gegen Energie Cottbus (3:1) und den VfL Bochum (2:1) für das Achtelfinale qualifiziert hatte. In der Champions League dominierte die Mannschaft mit souveränen Leistungen und sechs Siegen bei 24:5 Toren die Gruppe B. Die bereits unter Kovac makellose Königsklassen-Bilanz hatten die Flick-Bayern mit einem 2:0 im Heimspiel gegen Piräus, einem 6:0 in Belgrad gegen Roter Stern und einem 3:1 zu Hause gegen Tottenham komplettiert.

Nur 2 Saison-Niederlagen
Mit der Amtsübernahme von Hansi Flick (4. November 2019) verlieren die Bayern in Pflichtspielen nur gegen Mönchengladbach und Leverkusen (jeweils 1:2).

DIE TRIPLE-SAISON 2019/20: DER MEISTERTITEL

Robert Lewandow-skis Elfmeter-Treffer zum 3:0 gegen den VfL Wolfsburg am 34. Spieltag war sein 34. in dieser Saison. Damit war der polnische Natio-nalspieler nicht nur erneut Torschützen-könig, sondern stellte auch einen neuen Ausländer-Saisonre-kord auf (bis dahin hielt diesen der Fran-zose Pierre-Emerick Aubameyang mit 31 Saisontreffern).

Am 19. Januar 2020 startete der FC Bay-ern mit ungeheurer Wucht in die Rück-runde. 4:0 in Berlin bei Hertha BSC, 5:0 in der Allianz Arena gegen Schalke 04, 3:1 bei Mainz 05 lauteten die Ergeb-nisse, die dafür sorgten, dass der FCB am 1. Februar 2020 die Tabellenspitze von Herbstmeister Leipzig überneh-men konnte. Erst mit dem 0:0 im Heim-spiel gegen RB setzte es einen kleinen Dämpfer. Aber aufzuhalten war der Bay-ern-Express dadurch nicht: Vier Siege und 15 Tore später thronten Flick & Co. nach dem 25. Spieltag am 8. März mit 55 Punkten und einem Torverhältnis von +47 – bei vier bzw. fünf Punkten Vor-sprung auf die Verfolger Borussia Dort-mund und RB Leipzig – auf Platz eins.

Disziplin, Spielwitz und gute Stimmung waren unter Hansi Flick zurückgekehrt, der erneute Gewinn des Meistertitels schien jetzt nur noch Formsache.

Auch im DFB-Pokal setzten die Bayern ihren Siegeszug fort, dort lief es aller-dings holpriger. Im Achtelfinale gegen Hoffenheim, Hansi Flicks erstem Pokal-Spiel als Cheftrainer, zeigten die Bayern nach einem kuriosen Auftakt mit zwei Eigentoren – Boateng und Hoffenheims Hübner trafen jeweils ins eigene Netz – zwar lange Zeit eine souveräne Leis-tung und lagen nach Toren von Müller und Lewandowski (2) in der 80. Minute mit 4:1 in Führung. Trotzdem wurde es noch eine Zitterpartie, als der FCB plötz-lich ins Schwimmen und Hoffenheim auf 4:3 herankam. Ganz anders dann der Verlauf im Viertelfinale beim FC Schal-ke 04. Die Bayern setzten die extrem defensiv eingestellten Gastgeber von Beginn an permanent unter Druck, ver-säumten aber das Toreschießen. Joshua Kimmich gelang erst in der 40. Minute per Direktannahme nach einer Ecke die Führung. Da der spielerisch limi-tierte Gegner auch in der zweiten Hälfte lediglich auf Konter lauerte, verlief der Rest der Partie zäh und torlos.

CORONA STOPPT DEN FCB

Im Achtelfinale der Champions League hatten die Bayern am 25. Februar beim FC Chelsea durch zwei Tore von Gnabry und einen Lewandowski-Treffer ein sattes 3:0 vorgelegt, doch zu dem für den 18. März angesetzten Rückspiel in München kam es erst mal nicht. Das 2:0 am 8. März gegen den FC Augsburg, ausgetragen vor 75.000 Zuschauern in der Allianz Arena, war das letzte normale Bayern-Spiel in dieser Saison. Aufgrund der COVID-19-Pandemie wurden sämtliche Wettbewerbe unterbrochen, und es blieb zunächst völlig unklar, wie es nun weitergehen würde. Uli Hoeneß fand klare und vernünftige Worte zur Situation: „Wir müssen erst mal der Realität ins Auge sehen und vier Wochen lang alles auf null stellen." Die Zwangspause dauerte jedoch deutlich länger, nämlich über zwei Monate.

SOUVERÄNER GEISTER-MEISTER

Am 17. Mai, um 18 Uhr in der menschenleeren Alten Försterei von Union Berlin, erfolgte für den FC Bayern der Re-Start in der Bundesliga. Robert Lewandowski – wer sonst! – und Benjamin Pavard stellten einen ungefährdeten 2:0-Auswärtserfolg sicher. Es folgte ein beispielloser Siegeslauf: Der FCB gewann auch die restlichen acht Bundesligaspiele dieser Saison, dabei wurde der Meistertitel – es war der 30. insgesamt und der achte in Folge – bereits am 32. Spieltag mit einem 1:0 in Bremen unter Dach und Fach gebracht. Die Saison, in der die Bayern die beste Bundesliga-Rückrunde der Geschichte ablieferten, endete am 27. Juni mit einem 4:0-Auswärtssieg in Wolfsburg. Bei einer Torfifferenz von +44 hatten die Bayern 49 von 51 möglichen Punkten geholt.

Am Ende hätten sie mit 100 Treffern – davon 34 durch den Torschützenkönig Robert Lewandowski –, auch noch beinahe ihren Torrekord eingestellt (101 waren es 1971/72). Mit 32 hatten sie auch die wenigsten kassiert, außerdem hatten sie die letzten 13 Spiele allesamt gewonnen: Die Corona-Saison war trotz der schwierigen und bedrückenden Umstände zu einer faszinierenden Rekord-Spielzeit geworden!

Thomas Müller jubelt über seinen 8. und letzten Saisontreffer gegen den VfL Wolfsburg am 34. Spieltag. Das 4:0 war der 100. Saisontreffer der Bayern. Müller hat in dieser Disziplin nur einen Vorgänger: Uli Hoeneß schoss in der 101-Tore-Saison 1971/72 den 100. Bayern-Treffer.

Da ist das Ding: Zum 20. Mal gewinnen die Bayern den DFB-Pokal – erstmals gegen Leverkusen im Finale.

DIE TRIPLE-SAISON 2019/20: DER 20. POKALSIEG

„WÄHREND DER SIEGER-EHRUNG HABE ICH EINE NACHDENK-LICHE MINUTE GEHABT. ES IST EINFACH NICHT DAS GLEICHE, ES TUT EIN BISS-CHEN WEH."

Thomas Müller über das DFB-Pokalfinale vor leeren Rängen in Berlin (wegen der COVID-19-Pandemie).

Für den 10. Juni war das Halbfinale im DFB-Pokal daheim gegen Eintracht Frankfurt angesetzt. Die erste Hälfte in der gähnend leeren Allianz Arena gestaltete der Tabellenführer der Bundesliga gegen die Eintracht äußerst überlegen. In der 14. Minute erzielte Ivan Perisic auf eine perfekt getimte Vorlage von Thomas Müller per Kopf die Führung. Weitere Treffer gelangen trotz großer Bayern-Überlegenheit bis zum Halbzeitpfiff nicht. So kam es, wie es oft kommt. In der 66. Minute wechselte Frankfurts Trainer Adi Hütter Daichi Kamada und Danny da Costa ein, drei Minuten später spielte Kamada da Costa in den Lauf, und der vollendete zum 1:1. Das Spiel war wieder offen. Aber die Bayern rissen sich zusammen. In der 74. Minute bediente Sprinter Alphonso Davies den im Zentrum lauernden Joshua Kimmich, der spitzelte den Ball auf Lewandowski weiter – 2:1. Um

den Sieg gegen die unermüdlich rackernden Frankfurter über die Zeit zu retten, mussten sich die Bayern richtig anstrengen. Als nach 94 Zitter-Minuten endlich abgepfiffen worden war, fand Thomas Müller deftige Worte der Selbstkritik. „Wir waren pomadig, waren müde, waren unsauber, haben uns das Leben durch viele Ungenauigkeiten und fehlende Bewegung selbst schwer gemacht." Nichtsdestotrotz: Das Finale in Berlin war erreicht. Zum 20. Pokal-Triumph des FCB fehlte jetzt nur noch ein einziger Sieg.

Im Endspiel am 4. Juli waren die Bayern im Berliner Olympiastadion gegen Bayer Leverkusen von Anfang an dominant. Thomas Müller, unter Hansi Flick wieder so frech und unberechenbar wie zu seinen besten Zeiten, war an fast allen Angriffen beteiligt. Die Führung erzielte David Alaba in der 16. Minute per sehenswertem Freistoß von der Strafraumgrenze, acht Minuten später vollstreckte Serge Gnabry nach kluger Vorlage von Kimmich. Damit war das Spiel schon fast gelaufen, denn Leverkusen gelang es kaum einmal, die Bayern in Verlegenheit zu bringen. 14 Minuten nach dem Wiederanpfiff machte Lewandowski mit Unterstützung von Bayer-Keeper Hradecky, der seinen haltbaren Schuss nicht parieren konnte, alles klar. Der Rest war nur noch Statistik. 3:1 durch Kopfball von Sven Bender (64.), 4:1 durch Lewandwoski (88.), 4:2 per Elfmeter von Havertz in der Nachspielzeit.

LOCKER INS ENDTURNIER DER CHAMPIONS LEAGUE

Nach dem Pokaltriumph folgte eine lange Pause bis zu dem für den 8. August angesetzten Rückspiel in der Champions League gegen den FC Chelsea. Die trotz des beruhigenen 3:0-Vorsprungs aufgekommene leichte Verunsicherung, ob die Bayern möglicherweise ihren Spielrhythmus verloren haben

könnten, verflog nur wenige Minuten nach dem Anpfiff in der Allianz Arena. Robert Lewandowski erzielte bereits in der 10. Minute per Elfmeter die Führung gegen die Londoner, Ivan Perisic erhöhte in der 24. Minute nach einer Lewandowski-Vorlage auf 2:0. Bei einem Gesamtergebnis von 5:0 konnte nun wirklich nichts mehr anbrennen. Nachdem Chelsea kurz vor der Halbzeit verkürzt hatte, machte Tolisso in der zweiten Hälfte den 4:1-Sieg perfekt.

Der FC Bayern hatte die Qualifikationshürde für die vom 12. bis 23. August in Lissabon anstehende Finalrunde der letzten acht Mannschaften nahezu mühelos genommen. Jetzt wurde es ernst, denn die UEFA hatte sich aufgrund der durch die COVID-19-Pandemie verursachten terminlichen Engpässe dazu entschieden, die Spiele im Turnier-Modus durchzuführen: Statt wie üblich in Hin- und Rückspiel sollte jeweils ein K.-o.-Spiel im Viertel- und Halbfinale die Entscheidung bringen.

Ticket gelöst: Corentin Tolissos 4:1 gegen Chelsea bedeutet den Einzug der Bayern ins Champions-League-Finalturnier von Lissabon.

14.8.2020: Die Anzeigetafel im Estádio da Luz von Lissabon nach dem Abpfiff des Champions-League-Viertelfinals.

DIE TRIPLE-SAISON 2019/20: SENSATION GEGEN BARÇA!

Im Viertelfinale der Champions League besiegten die Bayern den FC Barcelona mit 8:2! Alle Treffer noch einmal zum Genießen:

Torrekord ohne Zuschauer

Der Partie FC Bayern gegen FC Barcelona am 14. August im Estádio da Luz von Lissabon mangelte es aufgrund der ausgesperrten Zuschauer zwar an Atmosphäre, nicht aber an Klasse. Die Mannschaft von Hansi Flick legte vom Anpfiff weg einen fulminanten Auftritt hin und spielte sich in einen Rausch. Lionel Messi & Co. hatten keinerlei Chance. Es war kaum fassbar: Die Bayern fegten Barça mit 8:2 vom Feld. Nie zuvor hatte eine Mannschaft in der K.-o.-Phase der Champions League so viele Tore erzielt! Es war für alle Bayern-Fans, die leider nur an den Bildschirmen Zeuge sein durften, eine glorreiche Nacht.

1:0 (4. Minute)

Serge Gnabry bedient Ivan Perisic auf links, der flankt auf **Thomas Müller**. Müller verzögert kurz, entscheidet sich für einen Doppelpass mit Robert Lewandowski, zieht dann aus rund elf Metern mit links ab und trifft ins linke Eck. *Nur drei Minuten später gelingt Barça nach einem schnellen Angriff der Ausgleich: Jordi Alba flankt von links ins Zentrum, David Alaba fälscht den Ball bei seinem Klärungsversuch so unglücklich ab, dass er über den machtlosen Manuel Neuer hinweg zum 1:1 ins Tor fliegt.*

2:1 (21. Minute)

Als Nelson Semedo etwa 35 Meter vor dem eigenen Tor einen unsauberen Kurzpass zu Sergi Roberto spielt, fegt der bissig pressende Gnabry dazwischen. Er nimmt Tempo auf, verzögert, um **Ivan Perisic** einzusetzen, der ihn hinterlaufen hat. Der dringt in den Strafraum ein und zieht aus spitzem Winkel mit links ab, der Ball zischt am konsternierten Barça-Keeper ter Stegen vorbei zum 2:1 ins Netz.

3:1 (27. Minute)

Thiago spielt einen No-Look-Pass auf Leon Goretzka. Der gebürtige Bochumer, der sich in der Corona-Pause einen Bodybuilder-Oberkörper antrainiert hat, zeigt, dass er es auch feinsinnig mit den Füßen kann: Mit dem Rücken zum Tor stehend lupft er den Ball wunderschön über Lenglet hinweg in den Lauf von **Serge Gnabry**, der nun freie Bahn hat und mit rechts vollstreckt.

4:1 (31. Minute)

Kimmich flankt vom rechten Flügel scharf auf den ersten Pfosten. Dort ist **Thomas Müller** zur Stelle und drückt den Ball mit der linken Fußspitze über die Linie. Nie zuvor in der Geschichte der Champions League hat eine Mannschaft in einem Viertelfinale so früh so viele Tore erzielt! Mit dem 4:1 geht es in die Pause. *Aufgegeben hat Barça aber noch nicht. In der 57. Minute keimt kurz Hoffnung auf für die Katalanen, als Luiz Suarez nach einer Vorlage von Jordi Alba zum 4:2 verkürzt. Doch die Bayern schlagen zurück.*

5:2 (63. Minute)

Bayerns 19-jähriger „Roadrunner" Alphonso Davies setzt auf der linken Seite zu einem sensationellen Solo an und lässt gleich mehrere Gegenspieler stehen. Von der Grundlinie legt der Linksverteidiger für **Joshua Kimmich** auf, der den Ball mit rechts über die Linie befördert. Die Partie ist damit endgültig entschieden! Aber die Bayern haben noch nicht genug.

Thomas Müller schießt zum 4:1 für die Bayern ein. Barça-Torwart ter Stegen ist machtlos.

6:2 (82. Minute)

Der eben erst eingewechselte Philippe Coutinho flankt von der linken Seite ins Zentrum. Jetzt darf endlich auch mal Torjäger **Robert Lewandowski** ran: Er steigt am höchsten und köpft lehrbuchmäßig ein. Und die Bayern haben immer noch nicht genug.

7:2 (87. Minute)

Eben noch Vorlagengeber, zeigt **Philippe Coutinho**, dass er es auch als Vollstrecker kann. Von Müller bedient, zieht der Brasilianer los und trifft mit rechts. Der bemitleidenswerte ter Stegen ist zum siebten Mal überwunden! Nur zwei Minuten später will's der gut aufgelegte Coutinho noch mal wissen.

8:2 (89. Minute)

Thiago lupft den Ball in den Strafraum auf den eingewechselten Lucas Hernández; der legt per Kopf quer, und **Philippe Coutinho** schiebt das Leder mit links über die Linie. Kurz darauf pfeift Schiedsrichter Damir Skomina ab, die Bayern dürfen jubeln. Es war ein Spiel unter Ausschluss der Öffentlichkeit – und trotzdem ein denkwürdiges!

Der Schlusspunkt: Coutinho erzielt das 8:2 – sagenhaft.

DIE TRIPLE-SAISON 2019/20: PERFEKTE BAYERN

Das unerbittliche, perfekt orchestrierte und früh ansetzende Pressing, meist lautstark angeleitet vom wieder formstarken Motivator Thomas Müller, ist seit dem Amtsantritt von Hansi Flick im November 2019 zu einem Markenzeichen der stets „hoch" – also nah zum gegnerischen Tor – stehenden Bayern geworden. Joshua Kimmich erfand für dieses abgestimmte Attackieren des ballführenden Gegners und gleichzeitige Zustellen sämtlicher Passwege sogar ein neues Wort: „Durchdecken". Außerdem funktionierten die Positionswechsel der Bayern bei Ballbesitz ähnlich präzise und dynamisch wie einst unter Pep Guardiola. Ein oft erfolgreich eingesetztes Mittel waren halbhohe, sanft über die gegnerische Abwehrkette „gechipte" Bälle in den Lauf der Außenbahnspieler.

Nicht nur Müller, auch der athletische Lewandowski, der Filigrantechniker Thiago, der stets präsente Kimmich oder der zur Kampfmaschine avancierte Goretzka, sind noch einmal besser, vor allem aber effektiver geworden. Da zudem Coman und Perisic auf links, sowie Gnabry auf rechts ihre Sache aufs Beste erledigten, gab es auch kaum mehr Anlass, der alten Flügelzange „Robbéry" hinterherzutrauern. Und dann war da noch eine neue Waffe, mit der zu Saisonbeginn wohl niemand gerechnet hatte: Der 19-jährige Linksverteidiger Alphonso Davies. Der fixe „Phonzie" zeigte zum Beispiel vor dem fünften Treffer sein

Bayerns neueste Waffe: Der pfeilschnelle Alphonso „Phonzie" Davies trickst Barcas komplette Hintermannschaft aus.

ganzes Potenzial, als er die Barça-Spieler gleich reihenweise stehen ließ und dann Joshua Kimmich mustergültig bediente.

MIT GLÜCK GEGEN LYON

Man mag es kaum glauben, aber: Trotz des klaren Sieges war auch gegen Barça längst nicht alles am Auftritt der Bayern perfekt. Vor allem zu Beginn des Spiels erwies sich die FCB-Abwehr nicht immer konzentriert, nach dem Ausgleich hatte der Gegner sogar zweimal die Chance, in Führung zu gehen: Einmal parierte Manuel Neuer, einmal klatschte der Ball an den Pfosten. Auch in der Anfangsphase des Halbfinals gegen Olympique Lyon benötigten die Bayern gegen die mehrmals gefährlich aufkommenden Franzosen eine gute Portion Glück, um nicht ins Strauchleln zu geraten. In den ersten Minuten war „OL" das bessere Team und

hatte gegen die nervöse und bedrohlich wackelnde Bayern-Abwehr zwei Großchancen, die am Außennetz bzw. am Pfosten landeten. Weil die Bayern vorne effektiv waren, wurde es im Estádio José Alvalade XXI. dann doch noch eine klare Sache. Serge Gnabry erzielte in der 18. Minute auf Vorlage von Kimmich das 1:0, in der 33. Minute staubte erneut Gnabry nach einem missglückten Lewandowski-Schuss zum 2:0 ab. In der 58. Minute hielt Manuel Neuer mit einer Glanzparade gegen Karl Toko Ekambi das Ergebnis fest, schließlich erzielte Lewandowski nach einem Kimmich-Freistoß in der 88. Minute per Kopf den dritten Bayern-Treffer in diesem Spiel, sein 15. Saisontor in der Königsklasse. Erstmals seit 2013 standen die Bayern wieder in einem Champions-League-Finale!

Mit seinen zwei Toren gegen Olympique Lyon – hier das 2:0 – legt Serge Gnabry den Grundstein fürs Erreichen des Champions-League-Finals 2020.

„WENN DER GEGNER DENKT, DASS ER PLATZ UND ZEIT HAT, DANN HEISST ES PLÖTZLICH MEEP, MEEP, MEEP UND DER FC BAYERN-ROADRUNNER KOMMT ANGERANNT UND SCHNAPPT SICH DEN BALL."

Thomas Müller über „Phonzie" Davies

Das Spiel ist aus – und Thomas Müller rastet aus vor Freude über sein zweites Triple.

Er hielt den Sieg in Lissabon fest – mit zahlreichen Glanzparaden verhinderte Manuel Neuer einen Gegentreffer.

DIE TRIPLE-SAISON 2019/20: CHAMPIONS LEAGUE – DAS FINALE

Das Finale zwischen dem FC Bayern München und Paris Saint-Germain am 23. August war auch ein Duell der deutschen Trainer Thomas Tuchel und Hansi Flick. Die Pariser hatten im Endturnier zunächst Atalanta Bergamo knapp mit 2:1 und dann RB Leipzig souverän mit 3:0 ausgeschaltet. Mit ihren beiden Starstürmern Kylian Mbappé und Neymar sah sich die von der Investorengruppe „Qatar Sports Investments" gesponsorte Millionentruppe mindestens auf Augenhöhe mit dem deutschen Meister und DFB-Pokalsieger.

NEUER IN HOCHFORM

Und tatsächlich legten die Franzosen los, als wollten sie die Bayern so überrennen, wie diese es im Viertelfinale mit den Stars von Barcelona getan hatten. Mbappé wurde bei zwei Schussversuchen von Jérôme Boateng bzw. von David Alaba noch abgeblockt, dann wurde es in der 18. Minute nach einem Steil-

Die Aufstellung der Bayern im CL-Finale am 23. August 2020

Lewandowski

Coman** T. Müller Gnabry**

Goretzka   Thiago***

Davies Alaba Boateng* Kimmich

Neuer

*25. Süle, **68. Perisic / Coutinho, *** 86. Tolisso

pass von Marquinhos auf Neymar richtig gefährlich: Der Brasilianer zog aus kurzer Distanz ab, Manuel Neuer rettete mit artistischer Fußabwehr und war dann auch gleich wieder zur Stelle, um Neymars zweiten Versuch zu parieren. In den nächsten Minuten nahm das Spiel Fahrt auf: Lewandowski setzte bei einem Drehschuss aus zehn Metern den Ball an den Pfosten. Auf der anderen Seite hielt di Maria trotz freier Schussbahn über die Latte. Der angeschlagene Boateng musste vom Platz und wurde durch Süle ersetzt. Und es ging munter weiter: Nachdem Herrera knapp am Bayern-Tor vorbeigezielt hatte, scheiterte Lewandowski mit einem Kopfball aus kurzer Distanz an PSG-Keeper Keylor Navas.

Die Bayern hatten nun mehr Spielanteile, aber Paris blieb gefährlich. Nach einem leichtsinnigen Fehlpass von Alaba kam der Ball über Herrera zu Mbappé, doch dessen unplatzierter Schuss landete genau in den Armen von Neuer. Da der Elfmeterpfiff ausblieb, als Coman bei einem Zweikampf mit Kehrer im Pariser Strafraum zu Fall kam, ging es mit 0:0 in die Pause.

EIN PARISER SICHERT BAYERN DEN HENKELPOTT

In der zweiten Hälfte zeigten sich die Bayern ballsicherer, während sich die Pariser – allen voran Neymar – immer mehr in unproduktivem Geplänkel verloren. Dann die 59. Minute: Wie eine Flipperkugel saust der Ball über Thiago, Gnabry, Kimmich und Müller noch einmal zurück zu Kimmich, der den Ball zum langen Pfosten chippt. Dort löst sich Coman geschickt von seinem Gegenspieler und befördert den Ball per Kopf am machtlosen Navas vorbei ins lange Eck. 1:0, Bayern! Und ausgerechnet Coman! Der gebürtige Pariser, der zehn Jahre lang für PSG am Ball gewesen war und den Hansi Flick an diesem Abend von Beginn an statt Perisic gebracht hatte. Die Führung verlieh den Bayern noch mehr Sicherheit. Sie gaben nun den Ton an und hätten auf 2:0 erhöhen können, aber Thiago Silva klärte gegen den prima aufgelegten Coman kurz vor der Linie. PSG hatte kaum mehr etwas vom Spiel, kam aber in der 70. Minute nach einem Konter noch zu einer Großchance: Marquinhos tauchte frei vor Neuer auf, doch der Weltmeister klärte erneut souverän per Fußabwehr. Die Bayern verteidigten ihren knappen Vorsprung nun konzentriert und mit Geschick. Thomas Tuchel brachte noch die beiden ehemaligen Bundesligaprofis Julian Draxler und Eric Maxim Choupo-Moting in die Partie, doch die beiden vermochten das Blatt auch nicht mehr zu wenden.

Die Bayern hatten ihren sechsten Triumph in der Champions League geholt und ihr zweites Triple. Und sie hatten, so ganz nebenbei, einen Rekord aufgestellt: Alle elf Spiele der Champions-League-Saison 2019/20 haben sie gewonnen – eine einzigartige Leistung in der Geschichte der Königsklasse.

Der Ball sitzt: Per Kopf entscheidet der gebürtige Pariser Kingsley Coman (2. v. li.) das Finale gegen Paris. PSG-Torwart Keylor Navas ist ohne Chance.

„DAS IST KEIN SPIEL ZWISCHEN MIR UND PARIS, SONDERN BAYERN MÜNCHEN UND PARIS."
„KLAR IST ES FÜR PARIS SCHADE. ICH FÜHLE MIT IHNEN, WEIL ICH AUS DER STADT KOMME."

Siegtorschütze Kingsley Coman vor und nach dem Finale

Neuer klärt gegen Neymar

Zwei Architekten des großen Erfolgs: FCB-Sportvorstand Hasan Salihamidzic und Cheftrainer Hansi Flick beim Abpfiff in Lissabon.

DIE TRIPLE-SAISON 2019/20: STIMMEN ZUM TRIUMPH IN DER CHAMPIONS LEAGUE

„Es ist so, dass Kingsley Coman in Paris ausgebildet wurde. Das ist vielleicht eine Extra-Motivation."
Hansi Flick vor dem Finale beim Streamingdienst DAZN

„Als ich im November die Schlagzeilen gelesen habe, hieß es, dass keiner mehr Angst vor Bayern hat. Die Entwicklung seitdem war Wahnsinn. … Die Mannschaft ist einfach willig, wir haben Spieler mit unbändigem Siegeswillen. Dieser Erfolg gehört allen, allen Mitarbeitern, Helfern, einfach allen."
Hansi Flick nach dem Finale

„Wir haben natürlich auch Qualität, aber wir haben vor allem diesen Spirit. Wir streiten uns ja fast schon darum, wer den Fehler eines Kollegen ausbügeln kann."
Thomas Müller

„Hansi Flick hat einen ganz großen Anteil an diesem Sieg, es hat fast noch nie so einen großen Spaß gemacht, in dieser Mannschaft zu spielen wie jetzt im Moment."
Manuel Neuer

„Das ist natürlich ein bisschen Wettbewerbsverzerrung. … Manuel ist zum falschen Moment in absoluter Topform, er hat das Torwart-Spiel auf ein neues Niveau gehoben. Leider für uns."
PSG-Trainer Thomas Tuchel über die herausragende Leistung von Manuel Neuer im Finale

„Er hat es sehr schnell geschafft, einen Zugang zur Mannschaft, zum Trainerteam und zum Staff zu bekommen. Er gibt jedem Spieler und Betreuer die Wertschätzung, die man sich erhofft. Er

hat einen guten Draht zu jedem. Natürlich haben wir auch einen Plan, an den wir uns halten. Aber die menschliche Seite ist einfach top. Für ihn sind wir nicht nur Spieler, die er für sein System benutzt. Er sieht auch den Menschen dahinter und das merken alle."
Joshua Kimmich über Hansi Flick

Auf dem Höhenpunkt seiner Karriere als Vereinstrainer: Hansi Flick.

Hansi Flick wurde vom deutschen Fachmagazin Kicker und vom europäischen Verband UEFA zum „Trainer des Jahres 2020" gekürt.

Der Erfolgstrainer

Hans-Dieter „Hansi" Flick (*24. Februar 1965 in Heidelberg) hatte die Höhepunkte seiner Fußballer-Karriere beim FC Bayern, für den er als Mittelfeldspieler von 1985 bis 1990 insgesamt 104 Spiele (5 Tore) bestritt. Danach kickte er noch für den 1. FC Köln und den Oberligisten Victoria Bammental. Dort begann er 1996 auch seine Trainerkarriere. Im Jahr 2000 übernahm er das Training bei der damals noch in der Oberliga spielenden TSG Hoffenheim. Mit dem Klub von Dietmar Hopp schaffte Flick den Aufstieg in die Regionalliga, scheiterte aber bis 2005 mehrmals am Versuch, in die 2. Bundesliga aufzusteigen. Nach einer kurzen Zeit als Co-Trainer bei Red Bull Salzburg amtierte er acht Jahre lang als Assistent von Bundestrainer Joachim Löw. Flick war 2014 am Gewinn des Weltmeistertitels in Brasilien beteiligt und übernahm dann die Position des Sportdirektors beim Deutschen Fußball-Bund. Zu Beginn der Spielzeit 2019/20 heuerte er als Co-Trainer beim FC Bayern an, um dann am 4. November 2019 Niko Kovac als Cheftrainer ab- und eine nahezu unfassbare Erfolgsserie auszulösen. In seiner Art – sympathisch, unaufgeregt, aufrichtig und taktisch clever – kam Flick manchem Beobachter vor wie ein verjüngter Jupp Heynckes.

In der Saison 2019/20 stellte Hansi Flick bis zum Triple-Triumph am 23. August 2020 gleich mehrere Rekorde auf:

– Beste Torquote aller Bundesliga-Trainer: 75 Treffer in 24 Partien = 3,1 Tore pro Bundesliga-Spiel.
– Beste Bundesliga-Siegquote: 88 % (auf Rang 2: Pep Guardiola mit 80 %).
– Bester Bundesliga-Punkteschnitt: 2,67 Punkte pro Spiel (auf Rang 2: Pep Guardiola mit 2,52 Punkten).
– 30 Pflichtspiele unbesiegt (29 Siege, ein Remis).
– 98 Tore in 30 Pflichtspielen (= 3,26 pro Spiel).
– 21 Pflichtspiel-Siege in Folge.
– Alle acht CL-Spiele gewonnen (drei der elf Siege waren noch unter Kovac).
– Drei Trophäen in 36 Spielen = eine Trophäe pro zwölf Spiele.

DIE BESTEN DER BAYERN
DIE STARS VON HEUTE

TORHÜTER & ABWEHR

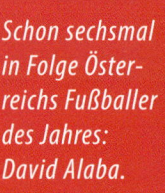

Berühmt für seine weiten Abwürfe: Bayern-Keeper Manuel Neuer.

Als er 2011 verpflichtet wurde, war **Manuel Neuer** (1) für viele schon der weltbeste Torhüter, seit 2013 ist er es auch offiziell. Außerdem wurde er 2014 Weltmeister. „Manu" ist reaktionsschnell und fangsicher, er hat ein gutes Auge und wirkt immer souverän. Seine besondere Spezialität ist die extrem schnelle Spieleröffnung durch weite Abwürfe. Darüber hinaus ist er berühmt dafür, gerne weit aus dem Tor herauszueilen, um knifflige Situationen wie ein Abwehrspieler mit dem Fuß zu klären. Seit dem Karriereende von Philipp Lahm ist der viermalige Welttorhüter, der 2019/20 mit etlichen Weltklasse-Paraden den Sieg in der Champions League festhielt, Kapitän der Bayern.

Wie Manuel Neuer hat der 2020 nach München gewechselte **Alexander Nübel** (37) seinen Durchbruch zum Klasse-Torwart beim FC Schalke 04 geschafft. Der junge Mann (Jahrgang 1996) muss aber erst noch beweisen, dass er das Zeug dazu hat, dereinst in die Fußstapfen von „Manu" zu treten. Der junge Nachwuchs-Keeper **Ron-Thorben Hoffmann** (39) trainiert fleißig, um vielleicht auch irgendwann einmal im Tor der 1. Mannschaft des FCB zu stehen.

Nicht erst seit dem siegreichen WM-Finale von 2014, als er der beste Mann auf dem Platz war, sind die Qualitäten von **Jerome Boateng** (17) bekannt. „Boa" zählt schon lange zu den weltbesten Innenverteidigern. Der in Berlin aufgewachsene Sohn eines Ghanaers ist schnell, kopfballstark und sicher im Tackling. Überragend sind seine weiten Pässe auf die Flügel, die er sowohl mit rechts wie mit links auf den Punkt genau schlagen kann.

Schon sechsmal in Folge Österreichs Fußballer des Jahres: David Alaba.

Der 1,94 Meter große und fast 100 Kilo schwere **Niklas Süle** (4) kam 2017 als 21-Jähriger von der TSG Hoffenheim. Dort hatte der Innenverteidiger sein großes Potenzial angedeutet: Seine Zweikampfwerte waren sogar noch besser als die der Bayern-Spieler. Bei seiner Verpflichtung meinte er dennoch bescheiden, dass er erst mal im Training vom Weltmeister-Duo Hummels und Boateng lernen wolle. Es dauerte nicht lange, bis sich der bereits im August 2016 von Jogi Löw in die Nationalmannschaft berufene Abwehrhüne als fester Bestandteil der Bayern-Defensive etabliert hatte. **David Alaba** (27) ist als Sohn einer Philippinerin und eines Nigerianers in Wien aufgewachsen. Als Linksverteidiger und in der Innenverteidigung liefert der Freistoßkünstler, der 2019/20 mit seinem 266. Spiel für

den FCB zum Rekord-Österreicher der Bundesliga avancierte, jederzeit überzeugende Leistungen ab. Häufig wird Alaba mit punktgenauen Pässen zum Initiator gefährlicher Angriffe. Dazu kommt er fast ohne Fouls aus und kassiert kaum einmal eine Gelbe Karte.

Benjamin Pavard (5), französischer Weltmeister von 2018, kam vom Absteiger VfB Stuttgart für eine stolze Ablöse von 35 Mio. Euro. Der spielstarke Defensiv-Allrounder, der auch einen ausgeprägten Drang nach vorne hat, läuft am liebsten als Innenverteidiger auf – im Nationaltrikot wie beim FC Bayern überzeugte er aber vor allem auf der rechten Abwehrseite mit Ruhe und konstanten Leistungen.

Lucas Hernández, ein französischer Nationalspieler in Diensten von Atlético Madrid, avancierte 2019 als 23-Jähriger mit einer Mega-Ablöse von 80 Mio. Euro zum neuen Rekord-Transfer des FC Bayern. Der Innen- und Linksverteidiger, wie Pavard mit Frankreich 2018 Weltmeister, konnte 2019/20 aufgrund einer langwierigen Verletzung noch nicht die vorgesehene tragende Rolle in der Abwehr spielen.

Der junge Innenverteidiger **Tanguy Nianzou** (23) – ein französischer Junioren-Nationalspieler, der auch die ivorische Staatsbürgerschaft besitzt – wurde 2020 von Paris Saint-Germain verpflichtet. Dem Talent wird zugetraut, das „Erbe" des vierzehn Jahre älteren Jerome Boateng antreten zu können.

Die Entdeckung der Saison 2019/20: **Alphonso Davies** (19), in Ghana geborener Kanadier, war bereits mit 18 Jahren Nationalspieler Kanadas. „Phonzie" hat die Lizenz, dem Gegner Knoten in die Beine zu spielen und sorgt als Linksverteidiger mit pfeilschnellen und gefährlichen Blitz-Vorstößen für großes Staunen. Ein Mann mit dem Potenzial zum Weltstar! Alternativen für die Defensive sind der erfahrene **Bouna Sarr** (20), der 2020 von Olympique Marseille an die Isar wechselte, sowie der junge Amerikaner **Chris Richards** (41), der 2018 bei den Junioren des FC Dallas so positiv auffiel, dass ihn die Bayern nach München holten.

Niklas Süle: Feste Abwehrbank beim FCB und DFB.

Falscher Türke

Als U16-Nationalspieler wurde Niklas Süle einmal vom türkischen Nationaltrainer angerufen. „Er wollte, dass ich für die Türkei spiele. Mein Name würde ja türkisch klingen", erzählte Süle – der aber trotz des „ü" in seinem Namen keine türkischen Wurzeln hat.

Alphonso Davies

Einer der weltbesten Innenverteidiger: Jerome Boateng.

DIE BESTEN DER BAYERN
DIE STARS VON HEUTE

MITTELFELD & ANGRIFF

Von den Qualitäten des defensiven Mittelfeldspielers **Javier Martinez** (8) war Trainer Jupp Heynckes so überzeugt, dass er ihn zu jedem Preis haben wollte. Im Sommer 2012 überwiesen die Bayern die Bundesliga-Rekordsumme von 40 Mio. Euro an Athletic Bilbao. Der in München zum „Xaver" gewordene Spanier konnte in vielen Spielen zeigen, dass er als Defensiv-Spezialist sein Geld wert ist.

Joshua Kimmich (32) kam im Sommer 2015 als 20-jähriges Nachwuchstalent für die stattliche Summe von 8,5 Mio. Euro von RB Leipzig. Er überzeugte im defensiven Mittelfeld so nachhaltig, dass ihn Jogi Löw bereits in die Nationalmannschaft berief. Zudem hat er schon bewiesen, dass er sowohl defensiv wie offensiv ein guter Ersatz für Philipp Lahm auf der rechten Abwehrseite sein kann.

Ein Wunschspieler von Trainer Guardiola war **Thiago** (6), der vom FC Barcelona zum FC Bayern wechselte. Der technisch brillante Mittelfeldspieler, der mit seinen fantastischen Aktionen so manchem Fußballfan Tränen des Glücks in die Augen treibt, ist sehr vielseitig. Egal, wo er im Mittelfeld eingesetzt wird – er macht die Mannschaft immer stärker. Besonders gefährlich ist er jedoch hinter der Spitze: Oft findet er mit überraschenden Aktionen die entscheidende Lücke, zudem ist er selbst jederzeit für einen Treffer gut. Als er die Bayern nach dem Triple 2020 Richtung Liverpool verließ, flossen bei dem 29-Jährigen die Tränen. Thiago hinterließ große Fußstapfen für seinen sechs Jahre jüngeren potentiellen Nachfolger Marc Roca (22). Der von Espanyol Barcelona gekommene Spanier hat ein ganz ähnliches Profil: Er ist ein Filigrantechniker mit hoher Spielintelligenz.

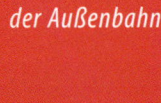

Kingsley Coman, Wirbelwind auf der Außenbahn.

Javier Martinez

Technisch brillant: Thiago.

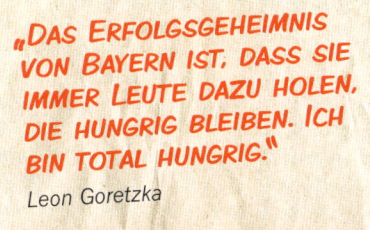
2017 zahlten die Bayern für **Corentin Tolisso** (24) die damalige Rekordsumme von 41,5 Mio. Euro an Olympique Lyon. Der französische Nationalspieler, der im Mittelfeld sowohl eine defensive wie eine offensive Rolle übernehmen kann, zeichnet sich durch Schnelligkeit, gutes Passspiel und Torgefährlichkeit aus. „Coco", der angeblich schon als kleiner Junge im Bayern-Dress herumlief, zeigte in seiner ersten Saison gute Leistungen. Nach dem Gewinn des Weltmeistertitels hatte er in der Saison 2018/19 mit einer Verletzung zu kämpfen, unter Hansi Flick blüht er wieder auf.

Nach zwölf Jahren beim VfL Bochum und fünf bei Schalke 04 schloss sich der schlaksige Mittelfeldspieler **Leon Goretzka** (18) 2018 dem FC Bayern an. Der intelligente Taktgeber holte mit der deutschen Auswahl 2016 bei den Olympischen Spielen in Brasilien die Silbermedaille und 2017 beim Confed-Cup den Titel. In der Nationalmannschaft bereits eine feste Größe, hat der neuerdings mit beeindruckenden Muskeln bepackte Mittelfeldspieler damit begonnen, auch beim FC Bayern eine Führungsrolle zu übernehmen.

Der quirlige **Kingsley Coman** (29), ein aus der Karibik (Guadeloupe) stammender französischer Nationalspieler, stieß zunächst leihweise von Juventus Turin zu den Bayern. Weil man dem dribbelstarken jungen Flügelspieler zutraute, in die Fußstapfen des älter und damit verletzungsanfällig gewordenen Ribéry zu treten, wurde er 2017 fest verpflichtet.

Holte mit Frankreich 2018 den Weltmeister-Titel: Corentin Tolisso.

Joshua Kimmich – bietet als linker Verteidiger und im Mittelfeld Top-Leistungen an.

Führungsstark und intelligent: Leon Goretzka.

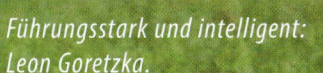

DIE BESTEN DER BAYERN
DIE STARS VON HEUTE

MITTELFELD & ANGRIFF

Elegant:
Thomas Müller.

Immer freundlich und stets mit einem lockeren Spruch auf den Lippen präsentiert sich **Thomas Müller** (25). Der enorm laufstarke Namensvetter des großen Torjägers Gerd Müller schaffte den Durchbruch zum Spitzenspieler im Eiltempo. Anfang 2009 kickte er noch in der 2. Bayern-Mannschaft. Noch im selben Jahr wurde er Stammspieler in der Bundesliga, bei der WM 2010 war er dann bereits mit fünf Treffern Torschützenkönig. Der schlaksige Stürmer, dessen Aktionen manchmal etwas komisch aussehen, ist ein extrem unberechenbarer Instinktfußballer. Er beackert den ganzen Platz und kann mit seinem ausgeprägten Gespür für Räume und Laufwege Situationen vorausahnen. Immer wieder sorgt er für überraschende Angriffe und pfiffig herausgepielte Tore.

Robert Lewandowski (9) wird von vielen Experten als der weltbeste Stürmer überhaupt angesehen. Der polnische Nationalspieler hatte 2012 und 2013 mit insgesamt 46 Treffern einen großen Anteil daran, dass Borussia Dortmund den Bayern zweimal hintereinander den Meistertitel wegschnappen konnte. Für den Superstürmer, der unbedingt nach München wollte, war nicht einmal eine Ablöse fällig, da sein Vertrag in Dortmund ausgelaufen war. Nach einer kleinen Anlaufzeit bewies der enorm wendige, spielstarke und trotzdem stets torgefährliche „Lewa" sein herausragendes Können auch im Bayern-Trikot. Mit seinen 30 Treffern in der Saison 2015/16 avancierte er zum bis dahin besten ausländischen Bundesliga-Torschützenkönig. 2017/18 und 2018/19 war Lewandowski mit 29 bzw. 22 Treffern erneut der beste Torjäger in der Bundesliga. 2019/20 holte er sich die Torjägerkanone mit der herausragenden Quote von 34 Treffern in 30 Einsätzen – und wurde zu „Europas Fußballer des Jahres" gekürt. Als Backup für Robert Lewandowski wechselte 2020 der gebürtige Hamburger **Eric Maxim Choupo-Moting** (13) von Paris SG zum FCB. Der in England beim FC Arsenal ausgebildete deut-

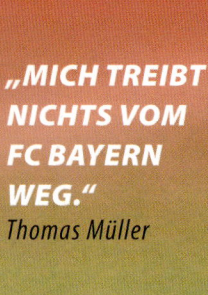

„MICH TREIBT
NICHTS VOM
FC BAYERN
WEG."
Thomas Müller

Trickreicher Nationalspieler
mit Speed: Leroy Sané.

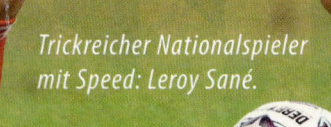

sche Nationalspieler und U21-Europameister **Serge Gnabry** (22) kam 2017 von Werder Bremen, wurde aber gleich für ein Jahr an die TSG Hoffenheim ausgeliehen. Seit Sommer 2018 im Bayern-Trikot und allmählich immer besser geworden, legte er 2019/20 seine bislang erfolgreichste Saison hin: Mit zwölf Treffern und zehn Assists war er zweitbester Torschütze und zweitbester Vorlagengeber des FC Bayern.

Der 1,93 Meter große Niederländer **Joshua Zirkzee** (14), der im Alter von 16 Jahren zum FC Bayern kam, konnte sich in der grandiosen Saison 2019/20 als torgefährlicher Ersatz-Mittelstürmer beweisen. Während sich Zirkzee als ein junger Mann mit Perspektive erwies, verließen die namhaften Leihspieler **Philippe Coutinho** und **Ivan Perisic** im Sommer 2020 München nach nur einer Saison mit drei Titeln im Gepäck. Neuer Königstransfer war **Leroy Sané** (10). Der Mann, dem einst auf Schalke der Durchbruch gelang, fand für 45 Mio. Euro vom Guardiola-Klub Manchester City seinen Weg zu

Robert Lewandowski: Weltklasse im Bayern-Sturm.

den Triple-Bayern. In der Nationalmannschaft des DFB bereits ein Leistungsträger, soll der elegante Turbo-Dribbler nun auch der FCB-Offensive seinen Stempel aufdrücken. **Douglas Costa** (11), bereits von 2015 bis 2017 im Trikot der Roten unterwegs, kam als weitere Offensiv-Option für die Saison 2020/21 von Juventus Turin. Wie der pfeilschnelle Brasilianer hofft auch der 2003 geborene – und damit 13 Jahre (!) jüngere – deutsch-englische Nachwuchsstürmer **Jamal Musiala** (42) auf (weitere) erfolgreiche Einsätze: Zum Bundesliga-Auftakt 2020/21 traf er gegen den FC Schalke 04 zum 8:0-Endstand und trug sich damit als jüngster Bundesliga-Torschütze des FCB in die Statistik ein.

Wird immer besser: Flügelstürmer Serge Gnabry.

ALLES RUND UM DEN FC BAYERN

Über 43 Millionen Zuschauer bei Bundesliga-Heimspielen seit dem Aufstieg 1965

Über 20 Millionen bekennende Bayern-Fans

Rund 3 Millionen Zuschauer pro Saison

75.000 Zuschauer im Schnitt pro Heimspiel

Rund 358.000 Fanklub-Mitglieder

Über 293.000 Vereinsmitglieder (größter Sportverein der Welt)

Mehr als 4.500 Bayern-Fanklubs

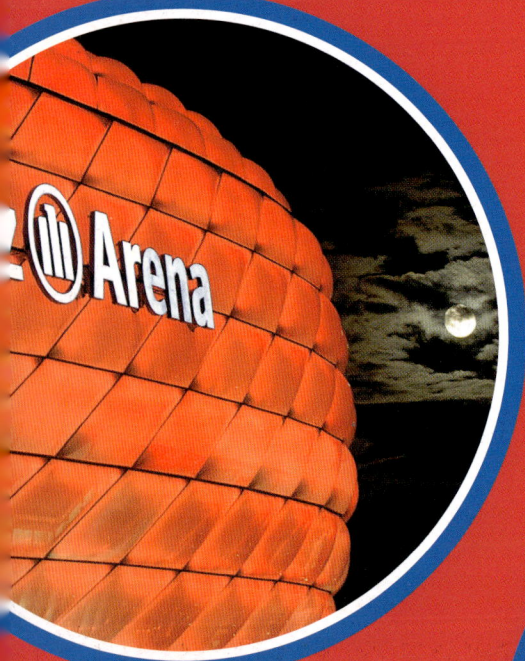

Das älteste Bayern-Logo ist die Fahne, die verschnörkelten Buchstaben galten bis in die 1950er Jahre. Das Oval mit den Rauten trug schon Beckenbauer auf seinem Trikot.

DAS BAYERN-LOGO

Alle Fußballvereine haben ein Logo, eine Art Abzeichen. Jeder kennt das Logo des FC Bayern München. Es stellt in der Mitte die Fahne Bayerns dar und ist eingerahmt von einem roten Kreis, auf dem in weißen Buchstaben der Vereinsname erscheint. Bis vor einigen Jahren stand im Kreis des Bayern-Logos noch das Anhängsel „e.V.". Das bedeutet „eingetragener Verein". Seit 2002 ist die Profiabteilung des FC Bayern kein „e.V." mehr, sondern eine Aktiengesellschaft (AG). Deswegen musste aus dem Logo das „e.V." weg.

Das Logo des FC Bayern sah nicht immer so aus. Im Lauf der Jahre haben sich die Abzeichen auf den Trikots der Bayern-Spieler immer wieder geändert. Beim ersten Logo im Jahr 1900 war noch nicht einmal die Farbe Rot dabei. Als Vereinsfarben hatten die Gründer des FC Bayern nämlich die bayerischen Farben Weiß und Blau gewählt.

Durch das FC-Bayern-Logo auf seiner Kutte zeigt dieser Fan seine Verbundenheit mit dem Verein.

Mit dem Bayern-Logo lässt sich auch super das Gesicht schminken.

DIE GESCHICHTE DER FUSSBALLWAPPEN

Die Logos der Fußballvereine sind die modernen Nachfolger der mittelalterlichen Wappen. Die Wappen der Ritter – aber auch der Handwerker und der Städte – waren sehr wichtig, da damals nur wenige Menschen lesen konnten. Die Bedeutung eines Wappens wurde aber von jedem sofort verstanden. Und so muss man auch heute nicht viel erklären, wenn man ein Bayern-Fan ist – man muss sich nur das Logo an die Kleidung heften. Auf allen Fanartikeln des FC Bayern prangt das Logo, jeder Fan hat mindestens eines auf seiner „Kutte", und bei Fanklub-Treffen hängt meist eine große Bayern-Fahne an der Wand.

In der Mitte des bayerischen Wappens befindet sich das weiß-blaue Rautenschild.

DIE GESCHICHTE DER WEISS-BLAUEN RAUTEN

Die weiß-blauen Rauten in der Mitte des Wappens von Bayern gelten heute als bayerisches Wahrzeichen. Das Rautenschild war im Mittelalter das Wappen der Grafen von Bogen. Man vermutet, dass einst viele Ritter ihre Schilde mit einem Eisengitter verstärkten. Aus den Gitterrauten soll sich dann später das Rautenmuster entwickelt haben. Im Grunde tragen die Bayern-Spieler also ein Ritterschild auf der Brust. Vielleicht fühlen sie sich deswegen immer so sicher, dass ihnen kein Gegner etwas anhaben kann?

In der Saison 1993/94 wurde der „Bazi" (bayerisch für Schlitzohr) das Maskottchen der Bayern (rechts, mit Lothar Matthäus). Das heutige Maskottchen ist ein Bär und hört auf den Namen „Berni". Hier ist er Arm in Arm mit Ribéry zu sehen.

Die Tribüne auf dem Platz an der Leopoldstraße.

EHEMALIGE SPIELSTÄTTEN

Der Spielplatz an der Schyrenstraße in den Isar-Auen war Schauplatz der ersten Trainingsspiele des FC Bayern. Im Gründungsjahr 1900 trug der Verein seine ersten Wettspiele dann auf der berühmten Theresienwiese aus, wo seit 1810 das Oktoberfest stattfindet. Der erste offizielle Fußballplatz des FC Bayern entstand schließlich an der Clemensstraße in Schwabing. Dort trug der FC Bayern von Mai 1901 bis Mai 1907 seine Heimspiele aus. Im September 1907 folgte der Umzug an die Leopoldstraße, wo sich die Anlage des Münchner SC befand, dem sich die Bayern zeitweise angeschlossen hatten. Vorübergehende Spielstätten waren danach der MTV-Platz Marbachstraße (1922) und der Teutonia-Platz am Oberwiesenfeld (1923-25).

GRÜNWALDER STRASSE

Im September 1926 wurde in Giesing das Stadion an der Grünwalder Straße eröffnet. Das Stadion hatte Platz für 40.000 Zuschauer und war das erste richtige Stadion, in dem die Bayern zu ihren Heimspielen antraten. Aber sie waren dort nur Gast. Das Grünwalder Stadion gehörte für lange Zeit dem Lokalrivalen 1860. Erst 1937 übernahm es die Stadt München. Trotzdem blieb es für alle Münchner auch danach noch das „Sechziger-Stadion". Eigentlich erstaunlich, dass der FC Bayern seine Erfolgsgeschichte in einem „fremden" Stadion begann.

An der Grünwalder Straße (oben und unten) feierte der FC Bayern so manchen Sieg.

Löwen-Schonung

Im Grünwalder Stadion hatte es der FC Bayern nicht immer leicht. Franz Beckenbauer: „Wir waren da nur Gast. Eines unserer letzten Regionalliga-Spiele wurde kurz vor Beginn in das Dante-Stadion verlegt, weil plötzlich jemandem eingefallen war, dass man den Rasen besser für die Löwen schont." Das Dante-Stadion war bereits in den letzten Jahren des Zweiten Weltkriegs Schauplatz von Bayern-Spielen gewesen.

OLYMPIASTADION

Am 28. Juni 1972 bestritt der FC Bayern sein erstes Heimspiel in dem Stadion, das für die Olympischen Spiele 1972 errichtet worden war und deshalb Olympiastadion hieß. Besonders beeindruckend war das Dach des Stadions, das einem Zelt ähnelte. 80.000 Zuschauer sahen den 5:1-Sieg gegen Schalke 04 und bescherten dem Verein die erste Millioneneinnahme seiner Geschichte (1,2 Mio. DM). Das Olympiastadion kam genau zur rechten Zeit. Das ursprünglich billige Team um Beckenbauer, Maier und Müller wurde aufgrund seiner Erfolge immer teurer. Durch die Steigerung der Zuschauereinnahmen besaß der Verein nun aber das Geld, um die Mannschaft zusammenzuhalten. Das Olympiastadion konnte nämlich mehr als doppelt so viele Zuschauer fassen wie das alte Stadion an der Grünwalder Straße. Der FC Bayern hatte damit einen finanziellen Vorteil gegenüber der Konkurrenz, die zunächst noch in alten Stadien antreten musste. Allerdings war dieser Vorteil nicht für die Ewigkeit. Als in den 1990er Jahren fast alle anderen Bundesligavereine bereits neue und moderne Stadien hatten, spielten die Bayern immer noch im Olympiastadion, das inzwischen den gestiegenen Ansprüchen der Zuschauer nicht mehr genügte: Das Zeltdach schützte nicht genug vor dem Wetter, es war kalt, feucht und windig. Erst im April 1999 fiel endlich die Entscheidung, in Fröttmaning eine neue Arena zu bauen. Das 6:3 gegen den 1. FC Nürnberg am 33. Spieltag der Bundesligasaison 2004/05 war das letzte von insgesamt 792 Bayern-Spielen im Olympiastadion.

Im großen Rund des Olympiastadions kamen sich die Zuschauer oft verloren vor. Die Laufbahn machte den Innenraum zu groß, und das war schlecht für die Stimmung.

Das Olympiastadion galt bei seiner Errichtung als eine besonders schöne Anlage.

DIE ALLIANZ ARENA

DIE ANFÄNGE

Die eigentliche Geschichte der Allianz Arena begann im Herbst 2001. Damals stimmten die Münchner Bürger mit großer Mehrheit für ein neues Stadion im Münchner Norden (Stadtteil Fröttmaning). Das Stadion sollte 340 Mio. Euro kosten und zunächst gemeinsam vom FC Bayern und 1860 finanziert werden. Ende Mai 2005 war die Arena, die nach Umbauten heute 75.000 Zuschauern Platz bietet, fertiggestellt. Zur Eröffnung fand am 2. Juni 2005 das 201. Derby gegen den TSV 1860 statt, das der FC Bayern überraschend mit 0:1 verlor. Am 9. Juni 2006 war die Allianz Arena Schauplatz des Eröffnungsspiels der WM 2006 (Deutschland – Costa Rica 4:2).

DIE ARCHITEKTUR DER ARENA

Besonders bemerkenswert ist die Stadionhülle aus 2.760 Luftkissen, die in den Farben Weiß, Rot und Blau beleuchtet werden können. Innen reichen die drei steilen Ränge fast bis zum Spielfeldrand und bieten überall eine tolle Sicht. Auch für die Zeit vor und nach dem Spiel hat die Allianz Arena einiges zu bieten: zum Beispiel einen riesigen FC-Bayern-München-Fanshop oder die Lego-Kinderwelt. Besonders sehenswert ist das 2012 auf der Ebene 3 eröffnete Vereinsmuseum, die FC Bayern Erlebniswelt. Dazu locken Kioske und Restaurants mit einem bunten Angebot. Nicht alle

Bereiche sind freilich für jedermann zugänglich. Die wichtigen Menschen mit dickem Geldbeutel sitzen in großen Logen und super Restaurants, zu denen man mit normaler Eintrittskarte keinen Zugang hat. Dafür gibt es für die Fans in der Bayern-Kurve besonders billige Stehplätze. Die Dauerkarte für eine Saison kostet dort 140 Euro, also etwa 8 Euro pro Spiel.

TRAININGSGELÄNDE SÄBENER STRASSE

Das Bayern-Trainingsgelände Säbener Straße liegt in einer guten Wohngegend von Harlaching. Franz Beckenbauer musste sich hier noch Mitte der 1960er Jahre in einer Holzhütte umziehen. Das heutige 70.000 Quadratmeter

große Trainings- und Verwaltungszentrum entstand 1970 und kostete damals 3,9 Mio. DM. 1989 wurde es renoviert und erweitert, 2008 zu einem supermodernen Leistungszentrum ausgebaut. Für das Training stehen mehrere Rasenplätze (einer mit Rasenheizung), ein Kunstrasenplatz und eine Mehrzweckturnhalle zur Verfügung.

Der Sitzplan der Allianz Arena. Die verschiedenen Farben bedeuten verschiedene Preiskategorien. Außerdem zeigen sie, wo Sitzplätze (hellorange) und die Plätze für die besonders wichtigen Leute (grau) sind.

Die Allianz Arena bietet von allen Rängen einen tollen Blick aufs Spielfeld.

BAYERN-FANS

Bayern-Fans gibt es überall auf der Welt. Der afrikanische Fanklub Kampala (Uganda) tritt zu seinen Spielen sogar in Bayern-Trikots an.

Der frühere Bayern-Torwart Raimond Aumann ist der Leiter der Abteilung Fan- und Fanklub-Betreuung. Er und seine Mitarbeiter kümmern sich um alle Anfragen der Fans und versuchen, ihre Wünsche zu erfüllen.

Social Media
Der FC Bayern bespielt über 30 Social-Media-Kanäle (u. a. Facebook, Twitter, Instagram, YouTube, Snapchat). Die Sprachenvielfalt reicht von Englisch, Spanisch, Chinesisch über Russisch bis hin zu Arabisch (insgesamt zwölf Sprachen). An Spitzentagen werden mehr als 100 Millionen Fans erreicht.

MILLIONEN VON BAYERN-FANS

Ende Januar 2020 hatte der FC Bayern mehr als 293.000 Mitglieder und 4.500 Fanklubs mit rund 358.000 Fanklub-Mitgliedern. Die Fans der Bayern, die nicht irgendwo Mitglied sind, werden auf etwa 20 Millionen geschätzt. Nur wenige internationale Spitzenklubs wie Real Madrid, der FC Barcelona oder Manchester United haben noch mehr Anhänger. In der deutschen Bundesliga ist der FC Bayern aber einsamer Spitzenreiter. Eine Besonderheit ist, dass die meisten Bayern-Fans nicht in München und Umgebung leben, sondern überall in Bayern, ja in ganz Deutschland. Kein anderer Bundesligaverein hat so viele Fans auf einer so großen Fläche. Allein im Ruhrgebiet gibt es über hundert Bayern-Fanklubs. Und sogar außerhalb Deutschlands gibt es Bayern-Fans. Deswegen kann die Internetseite des FC Bayern nicht nur auf Deutsch, sondern auch auf Englisch, Japanisch und Chinesisch aufgerufen werden. So können sich auch die Mitglieder des chinesischen Fanklubs „Oans, zwoa g'suffa Shanghai" direkt informieren.

DAS FERNSEHEN, DER ERFOLG UND DIE FANS

Der FC Bayern hätte wohl kaum so viele Fans, wenn es das Fernsehen nicht gäbe. Die Bayern waren die erste Mannschaft, deren Europapokalspiele man in den 1970er Jahren in voller Länge im Fernsehen sehen konnte. Damals gewannen sie dreimal hintereinander den Pokal der Landesmeister. Das brachte ihnen viele neue Fans in ganz Deutschland, und aus dem Münchner Verein FC Bayern wurde damit ein Verein für alle Deutschen. Weil der FC Bayern weiterhin so viel Erfolg hatte, wuchs die Zahl der Bayern-Fans immer weiter. Bayern-Fans haben eine viel größere Chance, Siege zu bejubeln, als die Fans anderer deutscher Klubs.

Wenn die Bayern mal wieder eine Meisterschaft errungen haben, feiern Tausende von Fans auf dem Münchner Marienplatz mit.

DIE FANS UND DIE STIMMUNG

Die Allianz Arena ist praktisch immer ausverkauft. Dennoch geht es im Stadion meist etwas ruhiger zu als anderswo. Fans, die für Stimmung sorgen, befinden sich nur auf den Stehplätzen in der Südkurve und teilweise in der Nordkurve. Die Zuschauer auf den Sitzplätzen bleiben dagegen meist still. Die Stehplatzfans der Bayern fordern daher mehr Stehplätze in der Südkurve, damit das Anfeuern besser klappt. Uli Hoeneß sieht das anders: „Für die Scheißstimmung seid ihr doch zuständig und nicht wir", hielt er den Fans vor. Aber vielleicht bessert sich die Stimmung ja, wenn viele neue junge Bayern-Fans die Stars auf dem Rasen in voller Lautstärke anfeuern. Vorbild könnte der Fanklub Saalachtal sein. Ende August 2009 fuhren 35 Kinder (und fünf Erwachsene) mit dem Bus zur Allianz Arena, um die Bayern-Stars gegen Werder Bremen zu erleben. Trotz eines etwas mageren 1:1 ließen sie sich die gute Laune nicht verderben. Selbst auf der Rückfahrt hörten sie mit den Schlachtgesängen nicht auf.

Willy Astor, Komponist von „Stern des Südens", trägt sein Lied oft auch selbst vor.

Vereinslieder…

Das aktuelle offizielle Vereinslied ist „Stern des Südens", komponiert von Willy Astor und gesungen von Claus Lessmann, dem Sänger der Hardrockband Bonfire: „Welche Münchner Fußballmannschaft kennt man auf der ganzen Welt?
Wie heißt dieser Klub, der hierzulande die Rekorde hält?
Wer hat schon gewonnen, was es jemals zu gewinnen gab?
Wer bringt seit Jahrzehnten unsere Bundesliga voll auf Trab?
FC Bayern, Stern des Südens,
Du wirst niemals untergeh'n,
weil wir in guten wie in schlechten Zeiten zueinander steh'n.
FC Bayern, Deutscher Meister,
ja, so heißt er, mein Verein,
ja so war es und so ist es und so wird es immer sein!"

Davor war jahrelang das Lied „Forever Number One" die Hymne des Vereins.
Von den Fans besonders gern gesungen wird auch das Lied „Mir san die Bayern".

DAS DERBY

DER KONKURRENT AUS MÜNCHEN

Am 28. Spieltag der Saison 1966/67 gingen die Bayern in Braunschweig mit 2:5 unter. Mancher Beobachter meinte, die Spieler hätten sich nicht so richtig angestrengt. Tatsache ist: Hätten die Bayern gewonnen, wäre in diesem Jahr nicht Braunschweig, sondern der Lokalrivale 1860 Meister geworden. Und das hätte den „Blauen" im Lager der „Roten" niemand gegönnt. Zumal die „Sechziger" ja bereits 1966 Meister geworden waren. Umgekehrt freuten sich aber auch die „Löwen", wenn die Bayern einmal stolperten. Und im direkten Duell zwischen den beiden Konkurrenten ging es schon immer heiß her.

DAS DERBY GEGEN DIE „LÖWEN"

„Derby" nennt man ein Spiel zwischen zwei Vereinen, die aus derselben Stadt kommen. Das Derby zwischen dem FC Bayern und dem TSV 1860 München ist eines der ältesten in Deutschland. Seine Geschichte begann Anfang des vergangenen Jahrhunderts. In den 1920er Jahren waren die Derbys zwischen den beiden Klubs dann die Höhepunkte jeder Saison. Die Zuschauer strömten herbei und waren so erregt wie bei kaum einem anderen Spiel. Mal waren die „Roten" die Nummer eins in München, mal die „Blauen". Bis in die 1960er Jahre waren die Bayern und die Sechziger ungefähr gleich stark. Dann wurden die Bayern nicht nur in München, sondern sogar in ganz Deutschland das beste Team. Die „Löwen" spielten dagegen von 1981 bis 1994 nicht einmal in der 1. Liga, und nach

zehn Jahren Bundesliga stiegen sie 2004 in die 2. Liga ab. 2017 mussten sie sich auch aus der 2. Liga verabschieden und sanken dann noch tiefer. Nach Duellen zwischen den Sechzigern und der 2. Mannschaft des FCB in der Regionalliga kam es 2019/20 erstmals zu Derbys in der 3. Liga. Die „kleinen Bayern", die sich den Liga-Titel holten, spielten gegen den Lokalrivalen 1:1 und 2:1.

Derby am 14. August 1965: Timo Konietzka jubelt nach seinem Tor des Tages zum 1:0-Sieg für 1860 im ersten Lokalderby der beiden Mannschaften in der Bundesliga.

Ist das Derby ein „Klassenkampf"?

Wenn die Bayern gegen die Sechziger antreten, sprechen auch heute noch manche von einem „Klassenkampf". Sie meinen damit, dass da die neureichen „Großkopferten" (FC Bayern) gegen die ehrlichen „Arbeiter" (1860) antreten. Das stimmt so natürlich nicht ganz. Auf beiden Seiten gibt es Fans mit viel und wenig Geld. Richtig ist allerdings, dass die „Blauen" innerhalb der Münchner Stadtgrenzen – zumindest im Verhältnis zur Zahl der Fans insgesamt – mehr Anhänger haben als die „Roten". Die meisten Fans des FC Bayern reisen zu den Heimspielen von außerhalb an.

Überläufer

Es gab im Lauf der Jahrzehnte etliche Spieler, die trotz der Konkurrenzsituation zwischen den beiden Vereinen wechselten. „Überläufer" vom FC Bayern zum TSV 1860 waren unter anderen: Peter Grosser (FCB 1960-63, TSV 1963-69), Jupp Kapellmann (FCB 1973-79, TSV 1979-81) und Manfred Schwabl (FCB 1984-86/1989-93, TSV 1994-97). Den umgekehrten Weg von den „Blauen" zu den „Roten" gingen unter anderen: Ludwig Kögl (TSV 1983-84, FCB 1984-90), Jens Jeremies (TSV 1995-98, FCB 1998-2006) und Andreas Görlitz (TSV 2001-04, FCB 2004-10).

Gegen Mehmet Scholl hatten die Löwen am 15. Februar 2003 keine Chance: Drei Tore trug er zum 5:0-Sieg der Bayern bei. Mehmet Scholl ist auch der beste Bayern-Torschütze in der Geschichte des Derbys. Er erzielte insgesamt sieben Treffer gegen die Löwen, einen mehr als Gerd Müller.

Eine legendäre „Watschn"

Franz Beckenbauer erlernte das Fußballspiel beim SC 1906 München. 1958 plante der damals 13-Jährige den Wechsel zum TSV 1860. Als er jedoch während eines Spieles für den MSC mit einem Spieler der „Löwen" aneinander geriet und dieser ihm eine Ohrfeige gab, ärgerte sich der spätere „Kaiser" so sehr, dass er zum FC Bayern wechselte.

Die Allianz Arena war lange nicht nur das Stadion der „Roten", sondern auch das der „Blauen". So leuchtete sie bei den Heimspielen der Löwen blau und bei FC-Bayern-Heimspielen rot.

DIE TOP-STÜRMER

Die Rangliste der besten Bundesligastürmer des FC Bayern (bis Ende Saison 2016/17): **1. Gerd Müller** 0,8548 Tore pro Spiel (427 Spiele/365 Tore) **2. Lewandowski** 0,8526 (190/162) **3. Mario Gomez** 0,65 (115/75) **4. Luca Toni** 0,63 (60/38) **5. Mario Mandzukic** 0,61 (54/33) **6. Roy Makaay** 0,6 (129/78) **7. Giovane Elber** 0,54 (169/92) **8. Karl-Heinz Rummenigge** 0,52 (310/162) **9. Arjen Robben** 0,49 (201/99).

REKORDSPIELER

In der Bundesliga:

Sepp Maier (473), Oliver Kahn (429), Gerd Müller (427), Georg Schwarzenbeck (416), Klaus Augenthaler (404), Franz Beckenbauer (396), Bernd Dürnberger (375), Thomas Müller (351), Bastian Schweinsteiger (342), Mehmet Scholl (334), Philipp Lahm (332), Franz Roth (322), Karl-Heinz Rummenigge (310), Lothar Matthäus (302).

Im Europapokal:

Oliver Kahn (130), Philipp Lahm (117), Thomas Müller (117), Bastian Schweinsteiger (103), Franck Ribéry (101), Manuel Neuer (91), Klaus Augenthaler (89), Mehmet Scholl, Hasan Salihamidzic (88), David Alaba (83), Jerome Boateng (80), Sepp Maier, Bernd Dürnberger (78), Gerd Müller, Samuel Kuffour (74), Franz Beckenbauer (71).

DIE MEISTEN SAISON-TORVORLAGEN

Thomas Müller: 21 (2019/20; zugleich auch erster Spieler mit mehr als 100 Torvorlagen insgesamt)

MÜLLER-REKORDE

Der unvergleichliche Gerd Müller (insgesamt 566 Tore in 607 Pflichtspielen für den FC Bayern) war nicht nur der beste und effektivste Bundesliga-Torschütze aller Zeiten, er hält auch noch weitere Rekorde: Er wurde siebenmal Torschützenkönig (1967/69/70/72/73/74/78), er schoss die meisten Saisontore (40 in der Spielzeit 1971/72), und er legte die längste Trefferserie hin (16 Spiele hintereinander mit Torerfolg vom 27.9.1969 bis 3.3.1970). Außerdem gelangen ihm sieben Hattricks (drei Tore hintereinander in einer Halbzeit). Weitere Rekordzahlen: im DFB-Pokal 78 Tore in 62 Spielen und im Europapokal 66 Tore in 74 Spielen.

Torschützenkönig Gerd Müller in Aktion.

ELFMETER-KÖNIGE

Gerd Müller schoss die meisten Elfmeter (63) – er schoss aber auch am häufigsten daneben (zwölfmal). Seine Treffer-Wahrscheinlichkeit betrug 80,95 Prozent und liegt damit über dem Durchschnitt von etwa 75 Prozent. Der Hamburger Manfred Kaltz war noch besser: Er verwandelte 56 von 60 Elfmetern (93,33 Prozent). Die meisten Elfmeter in einer Saison, nämlich neun, versenkte Paul Breitner (1980/81).

TORHÜTER-REKORDE

Oliver Kahn erreichte die meisten Siege aller Bundesligaspieler (310 in 557 Spielen) und ist der Torhüter mit den meisten Zu-null-Spielen insgesamt, nämlich 204. Kahns Saisonrekorde in den Kategorien „wenigste Gegentore" (21, 2007/08) und „meiste Zu-null-Spiele" (19, 2001/02) wurden von Manuel Neuer gebrochen: Der ließ 2015/16 nur 17 Gegentore zu, außerdem brachte er es 2014/15 sowie 2015/16 auf 20 Zu-null-Spiele. Die längste Serie ohne Gegentor schaffte allerdings ein anderer, nämlich Timo Hildebrand (884 Minuten gegenüber 802 von Kahn und 771 von Neuer).

DEN REKORD FÜR DIE MEISTEN SPIELE IN SERIE ...

hält Sepp Maier (442 Spiele).

Bundesliga-Torschützenkönige des FCB

Gerd Müller (1967, 1969, 1970, 1972, 1973, 1974, 1978)
Robert Lewandowski (2016, 2018, 2019, 2020)
Karl-Heinz Rummenigge (1980, 1981, 1984)
Roland Wohlfarth (1989, 1991)
Giovane Elber (2003)
Luca Toni (2008)
Mario Gomez (2011)

DAS SCHNELLSTE TOR IN DER CHAMPIONS LEAGUE ...

schoss Roy Makaay. Er brauchte am 7.3.2007 nur 10 Sekunden, um gegen Real Madrid zu treffen.

TREFFSICHERSTER JOKER DES FC BAYERN

Alexander Zickler (18).

AUS- UND EINWECHSLUNGEN ...

Auswechselkönig des FCB in der Bundesliga wurde in der Saison 2019/20 Thomas Müller mit 122 Auswechslungen. Auf Platz 2 mit 115 Auswechslungen: Bastian Schweinsteiger. Auf die meisten Einwechslungen bringt es Mehmet Scholl (109-mal).

DIE MEISTEN BUNDESLIGASPIELE IN FOLGE OHNE NIEDERLAGE ...

schaffte Jerome Boateng, nämlich 56 (vom 3.11.2012 bis 19.12.2014).

SCHNELLSTER BUNDESLIGA-SPIELER

Alphonso Davies: 36,51 km/h am 32. Spieltag 2019/20.

DIE MEISTEN DEUTSCHEN MEISTERSCHAFTEN ...

gewannen Franck Ribéry, Thomas Müller und David Alaba (jeweils neun). Oliver Kahn, Mehmet Scholl, Bastian Schweinsteiger, Philipp Lahm, Arjen Robben, Jerome Boateng, Javier Martinez und Manuel Neuer holten jeweils acht Titel.

DIE MEISTEN BALLKONTAKTE

3.216 in der Saison (103-mal pro Spiel) = Bundesliga-Bestwert.

SCHNELLSTER DREIER-, VIERER- UND FÜNFERPACK

Am 6. Spieltag 2015/16 erzielte der in der 46. Minute ins Spiel gekommene Robert Lewandowski gegen den VfL Wolfsburg fünf Tore innerhalb von neun Minuten. Es war der schnellste Hattrick sowie der schnellste Vierer-

und Fünferpack der Bundesliga-Geschichte. Zudem ist er der erste Einwechselspieler, der fünf Tore in einem Spiel erzielte.

DIE MEISTEN DEUTSCHEN POKALE ...

gewann Bastian Schweinsteiger: 2013/14 holte er seinen siebten Titel und hat damit einen mehr als einen mehr als Kahn, Ribéry, Lahm, Alaba und Thomas Müller.

LAUFSTÄRKSTER BAYERN-SPIELER

Joshua Kimmich: 13,73 Kilometer in einem Spiel (28. Spieltag 2019/20 gegen den BVB) und 397,9 Kilometer in der Saison (Bundesliga-Rekord).

REKORD-AUSZEICHNUNGEN

Bayern-Spieler haben 23-mal die Auszeichnung zu „Deutschlands Fußballer des Jahres" erhalten (Beckenbauer viermal, Maier dreimal, Müller, Kahn und Ballack je zweimal, K.-H. Rummenigge, Breitner, Matthäus, Ribéry, Robben, Schweinsteiger, Neuer, Boateng, Lahm und Lewandowski je einmal). Bayern-Spieler haben außerdem siebenmal die Auszeichnung zu „Europas Fußballer des Jahres" erhalten (Beckenbauer zweimal, Rummenigge zweimal, Müller, Ribéry und Lewandowski je einmal).

Rekordtorhüter Oliver Kahn.

(Stand: Ende der Saison 2019/20)

NATIONALSPIELER

BAYERN-SPIELER IM DRESS DES DFB

Erster Nationalspieler der Bayern war der Rechtsaußen Max Gablonsky. Er wurde nach guten Leistungen in der Süddeutschen Meisterschaft (Bayern landete da auf Platz zwei) vom DFB für das Länderspiel am 16. Mai 1910 in Duisburg gegen Belgien nominiert. Es war ein recht seltsames Spiel. Am Tag zuvor hatte das Finale um die deutsche Fußballmeisterschaft zwischen dem Karlsruher FV und Holstein Kiel stattgefunden, so dass die besten deutschen Spieler fehlten. In Duisburg kamen überhaupt nur sieben Spieler an, so dass das Nationalteam aus den Zuschauern ergänzt wurde. Auch der schnelle Gablonsky konnte da nichts mehr rausreißen – Belgien gewann mit 3:0. Die Bayern haben seitdem 92 weitere Spieler für den DFB auf den Platz geschickt. Die 93 Bayern-Spieler kamen insgesamt auf 2.253 Einsätze (Stand: 06.09.2020). Der FC Bayern liegt damit sowohl nach der Zahl der Nationalspieler wie nach der Zahl der Einsätze uneinholbar auf Platz 1. Die Nationalspieler des 1. FC Köln, nach den Einsätzen auf Platz 2 liegend, bringen es lediglich auf 842 Einsätze.

WELTMEISTER BAYERN

Bis 2014 wurden Bayern-Spieler 64-mal zu einer WM nominiert. Viele wurden Weltmeister. Hans Bauer saß 1954, als Deutschland den ersten Titel holte, nur auf der Bank. Im Endspiel bei der WM 1974 (2:1 gegen Niederlande) befanden sich sechs Bayern auf dem Platz: Maier, Breitner, Schwarzenbeck, Beckenbauer, Uli Hoeneß und Gerd Müller. 1990 (1:0 im Finale gegen Argentinien) standen im WM-Kader Deutschlands fünf aktuelle Bayern (Augenthaler, Kohler, Pflügler, Reuter, Aumann) sowie fünf ehemalige oder zukünftige (Berthold, Brehme, Klinsmann, Matthäus, Thon). Im deutschen Weltmeister-Team von 2014 standen Manuel Neuer, Jerome Boateng, Toni Kroos, Philipp Lahm, Mario Götze, Thomas Müller und Bastian Schweinsteiger. Im Finale jubelten alle gemeinsam, als Mario Götze gegen Argentinien den 1:0-Siegtreffer erzielte.

Riesenjubel: Mario Götze und Thomas Müller nach dem Siegtreffer im WM-Finale 2014 gegen Argentinien.

2014er-Weltmeister Bastian Schweinsteiger (mit WM-Pokal) hat als Spieler des FC Bayern die meisten Einsätze in der deutschen Nationalmannschaft vorzuweisen.

DIE DEUTSCHEN NATIONALSPIELER DES FC BAYERN

Bastian Schweinsteiger 111 (121), WM
Franz Beckenbauer 103, WM, EM
Philipp Lahm 98 (113), WM
Lothar Matthäus 96 (150), WM, EM
Sepp Maier 95, WM, EM
Oliver Kahn 86
Karl-Heinz Rummenigge 78 (95), EM
Gerd Müller 62, WM, EM
Thomas Helmer 58 (68), EM
Markus Babbel 51, EM
Jens Jeremies 47 (55)
Paul Breitner 46 (48), WM, EM
Georg Schwarzenbeck 44, WM, EM
Michael Ballack 41 (98)
Thomas Linke 41 (43)
Miroslav Klose 40 (137), WM
Ludwig Goldbrunner 39
Mehmet Scholl 36, EM
Uli Hoeneß 35, WM, EM
Lukas Podolski 34 (130), WM
Mario Gomez 33 (78)
Christian Ziege 31 (72), EM
Holger Badstuber 31
Carsten Jancker 29 (33)
Jürgen Klinsmann 23 (108), WM, EM
Thomas Strunz 21 (41), EM
Klaus Augenthaler 27, WM
Wolfgang Dremmler 27
Stefan Reuter 18 (69), WM, EM
Ludwig Hofmann 18
Sebastian Deisler 17 (36)
Stefan Effenberg 14 (35)
Michael Tarnat 15 (19)
Jakob Streitle 15
Josef Pöttinger 14
Torsten Frings 13 (79)
Jürgen Kohler 12 (105), WM, EM
Andreas Brehme 12 (86), WM

Dietmar Hamann 12 (59)
Olaf Thon 12 (52), WM
Marcell Jansen 12 (45)
Alexander Zickler 12
Mario Basler 11 (30)
Sigmund Haringer 11 (15)
Willi Giesemann 11 (14)
Hans Pflügler 11, WM
Norbert Eder 9
Conrad Heidkamp 8 (9)
Josef Bergmaier 8
Emil Kutterer 8
Wilhelm Simetsreiter 8
Hans Dorfner 7
Hans Bauer 5, WM
Dieter Hoeneß 4 (6)
Gerhard Siedl 4 (6)
Raimond Aumann 4
Max Gablonsky 4
Oskar Rohr 4
Franz Roth 4
Karl Mai 3 (21), WM
Jupp Kapellmann 3 (5)
Georg Schneider 3
Tobias Rau 2 (7)
Andreas Görlitz 2
Ludwig Kögl 2
Franz Krumm 2
Michael Rummenigge 2
Roland Wohlfarth 2
Herbert Erhardt 1 (50), WM
Sandro Wagner 1 (8)
Hans Jörg Butt 1 (4)
Ludwig Hofmeister 1 (2)
Bruno Labbadia 1 (2)
Dieter Brenninger 1
Fritz Fürst 1
Rudolf Nafziger 1

Ernst Nagelschmitz 1
Kurt Niedermayer 1
Rainer Ohlhauser 1
Werner Olk 1,
Hans Welker 1

Aktive Spieler:

Thomas Müller 100, WM
Manuel Neuer 72 (92), WM
Jerome Boateng 63 (76), WM
Toni Kroos 46 (92), WM
Joshua Kimmich 48
Mario Götze 34 (63), WM
Mats Hummels 21 (70), WM
Niklas Süle 20 (25)
Sebastian Rudy 7 (27)
Leon Goretzka 9 (25)
Serge Gnabry 11 (13)
Leroy Sané 2 (22)

(Stand 6.9.2020)

Unter den besten elf Torschützen in der Nationalelf befinden sich sieben Bayern-Spieler (alle Tore für alle Vereine bis 10.6.2019):
Miroslav Klose 71
Gerd Müller 68
Lukas Podolski 49
Jürgen Klinsmann 47
(Rudi Völler 47)
Karl-Heinz Rummenigge 45
(Uwe Seeler 43)
Michael Ballack 42
Thomas Müller 38
(Oliver Bierhoff 37)
(Fritz Walter 33)

Weltklasse im Tor: Manuel Neuer.

DIE BAYERN-JUGEND

Thomas Müller spielte sieben Jahre lang bei den Bayern-Junioren, bevor er ab 2008 bei den Profis durchstartete. Jamal Musiala, am 26. Februar 2003 als Sohn einer Deutschen und eines Nigerianers in Stuttgart geboren und beim FC Chelsea in England ausgebildet, legte eine Blitzkarriere hin. 2019 noch für die B-Jugend der Bayern am Ball, trat er bereits am 20. Juni 2020 gegen den SC Freiburg in der Bundesliga an. Als er in der 88. Minute für Thomas Müller eingewechselt wurde, war er der jüngste FCB-Profi aller Zeiten.

JUGEND UND TALENTE

Jugend und Erfolg sind kein Widerspruch. Beim Aufstieg in die Bundesliga 1964/65 betrug das Durchschnittsalter der Bayern-Spieler lediglich 21,8 Jahre. Von den 25 Kickern, die damals das Bayern-Trikot trugen, stammten 14 aus der eigenen Jugend. Aber auch später kamen immer wieder frische Talente aus der Bayern-Jugend. Auch in die Saison 2019/20 startete der FC Bayern mit Spielern, die bei den eigenen Junioren ausgebildet wurden oder dort zumindest ihren letzten Schliff erhielten. Zwei davon sind schon lange berühmt: David Alaba und Thomas Müller. Joshua Zirkzee, der 2017 von Feyenoord Rotterdam in die Bayern-Jugend wechselte, konnte in der Bundesliga bereits einige Kostproben seines Könnens abliefern. Und der im Januar 2019 verpflichtete junge Kanadier Alphonso Davies (Jahrgang 2000), der sich eigentlich erst in der 2. Mannschaft einspielen sollte, startete auf phänomenale Weise gleich bei den Profis durch.

2017 eröffnete der FC Bayern das neue Nachwuchsleistungszentrum: den FC Bayern Campus. Die Münchener wollen damit ihre Jugendarbeit noch weiter verbessern.

JUGEND-ABTEILUNG

Am 1. August 2017 eröffnete der FC Bayern einen 30 Hektar großen Campus für den Nachwuchs. Die Anlage kann sich sehen lassen: ein Jugendstadion für 2.500 Zuschauer, sieben Trainingsplätze, 40 Internatszimmer für Talente, eigene Bushaltestelle. Rund 100 Mio. Euro hat der Verein investiert. Und er hat auch neue Ideen. Ein Trick, um Nachwuchskicker schneller besser zu machen: jüngere Spieler frühzeitig gegen ältere antreten lassen.

Die größten Erfolge der 2. Mannschaft
(früher Bayern-Amateure)
Vize-Meisterschaft Amateure 1983 und 1987; Meister Regionalliga Süd 2004; Viertelfinale DFB-Pokal 1994/95 und 2004/05; Meister 3. Liga 2019/20.

Der direkte Sprung zu den FCB-Profis gelingt jedoch nur wenigen Talenten. Den meisten wird erst woanders Spielpraxis ermöglicht – wie etwa Adrian Fein in Regensburg, Hamburg und Eindhoven, Lars Lukas Mai in Darmstadt oder Christian Früchtl in Nürnberg. Wer wird so erfolgreich zurückkehren wie Lahm (in Stuttgart „gereift") oder Alaba (einst nach Hoffenheim ausgeliehen)?

DIAMANTENAUGE ...

ist der Spitzname von „Tiger" Hermann Gerland, der 2017 die Leitung des Nachwuchsleistungszentrums übernahm. Er erwarb sich als Amateur- und Nachwuchstrainer des FC Bayern ab 1990 den Ruf, Talente rasch erkennen und erfolgreich fördern zu können. Gerland betreute zahlreiche Spieler, die später berühmt wurden, etwa Dietmar Hamann, Christian Nerlinger, Sammy Kuffour, Markus Babbel, Bastian Schweinsteiger und Philipp Lahm. Auch Thomas Müller und Holger Badstuber führte er an die Profimannschaft heran. Im Sommer 2018 bekam die Nachwuchsabteilung des FCB namhafte Verstärkung:

Der WM-Torschützenkönig Miroslav Klose wurde in München Trainer der U17 und Offensiv-Koordinator im Nachwuchs.

ECHTE BAYERN BEIM FC BAYERN

Seit 1965 gab es nur zwei Spieler, die ihre Karriere als Jugendliche beim FC Bayern begannen und dann als „Ur-Bayern" den Sprung zu den Profis schafften. Der eine war Max Eberl, der heutige Manager von Borussia Mönchengladbach, der andere Diego Contento, der 2014 zu Girondins Bordeaux wechselte. Alle anderen gebürtigen Bayern hatten ihren Karrierestart woanders. Franz Beckenbauer kam vom SC 1906 München, Sepp Maier vom TSV Haar, Thomas Müller vom TSV Pähl, Philipp Lahm vom TV Gern München, Bastian Schweinsteiger vom TSV Rosenheim. Ein ganz spezieller Fall ist der von Sandro Wagner: Der gebürtige Münchner startete bei Hertha München, kickte elf Jahre in der Jugend des FC Bayern und gab 2007 ein kurzes Debüt bei den FCB-Profis, um dann bei anderen Vereinen sein Glück zu suchen. Erst nach zehn Jahren, in der Winterpause 2017/18, kehrte er als Nationalspieler wieder zu seinen Wurzeln zurück, um nur ein Jahr später in die chinesische Liga zu wechseln.

War 2017/18 für die B-Jugend des FCB am Ball: Der heutige Bundesligaprofi Joshua Zirkzee.

„Diamantenauge" Hermann Gerland, hier mit Bastian Schweinsteiger, ist seit 2017 sportlicher Leiter des FC Bayern Campus.

LEXIKON DER ERFOLGREICHEN BAYERN-TRAINER SEIT 1963

Bayerns zweiter Triple-Trainer: Hansi Flick.

Ein persönlicher Triumph für den Oldie: Dank Jupp Heynckes konnte der FC Bayern die sechste Meisterschaft in Folge feiern.

Ancelotti, Carlo (*10.6.1959). Der stets coole italienische Fußballtrainer, der mit dem AC Mailand und Real Madrid insgesamt dreimal die Champions League gewann, schaffte mit den Bayern nur einen Meistertitel (2017).

Beckenbauer, Franz (*11.9.1945). Der „Kaiser" hatte bereits einige Trainer-Stationen hinter sich (Olympique Marseille, Weltmeister mit der DFB-Elf 1990), als er auch bei den Bayern tätig wurde. Zweimal (1994 und 1996) übernahm er zum Saisonende das Training – 1993/94 löste er Erich Ribbeck, 1995/96 Otto Rehhagel ab –, und zweimal nahm er einen Titel mit (Deutscher Meister, UEFA-Pokalsieger).

Cajkovski, Zlatko (*24.11.1923 †27.7.1998). 1963 verpflichtete der damalige Zweitligist FC Bayern den kleinen, dicken und lustigen Jugoslawen Zlatko „Tschik" Cajkovski als Trainer. Der hatte erst ein Jahr zuvor den 1. FC Köln zur Deutschen Meisterschaft geführt. Unter der Regie des ehemaligen Weltklassespielers, der kaum Deutsch konnte („Bin ich nix Lehrer für Deutsch, sondern für Futball") begann der kometenhafte Aufstieg des Klubs: Bundesliga-Aufstieg 1965, DFB-Pokalsieg 1966 und 1967, Europapokal der Pokalsieger 1967.

Cramer, Dettmar (*4.4.1925). Mit Dettmar Cramer errang der FC Bayern ausschließlich internationale Erfolge: Europapokal der Landesmeister 1975 und 1976, Weltpokal 1976. Für viele Experten war der kluge „Fußballprofessor" der „größte Theoretiker" unter den Trainern. Vor und nach seiner Zeit in München war Cramer in unzähligen Ländern als Trainer unterwegs.

Csernai, Pal (*21.10.1932). Als „Mann mit dem seidenen Halstuch" und Erfinder des „Pal-Systems" (womit die damals noch ungewöhnliche Raumdeckung gemeint war) ist der ehemalige Assistent von Gyula Lorant in die Bundesligageschichte eingegangen. Seine Erfolge: Deutscher Meister 1980 und 1981, DFB-Pokalsieger 1983, Finale des Europapokals der Landesmeister 1982.

Flick, Hans-Dieter „Hansi" (*25.02.1965). Der vorherige Co-Trainer von Niko Kovac übernahm am 4. November 2019 das Amt des Cheftrainers und führte die Bayern-Mannschaft sogleich sensationell zum Triple: dem Gewinn von Deutscher Meisterschaft, DFB-Pokal und Champions League in einer Saison!

Guardiola, Pep (*18.1.1971). Größter Triumph des exzellenten Mittelfeldspielers war der Gewinn des Europapokals der Landesmeister 1992 mit dem damals von Johan Cruyff trainierten FC Barcelona. Von 2008 bis 2012 machte er Barça dann als Trainer zur besten Mannschaft Europas. Perfektes Kurzpassspiel und blitzschnelle Balleroberung wurden zum Markenzeichen des Teams, das in dieser Zeit 14 von 19 möglichen Titeln eroberte, darunter zweimal den in der „Königsklasse", der Champions League. Zum 1. Juli 2013 übernahm er nach einem Pausenjahr in New York das Training in München. Mit einer Rekordmeisterschaft und dem Gewinn des Doubles schloss er sofort an die Erfolge von Jupp Heynckes an, 2015 wiederholte er den Meisterschaftserfolg, 2016 folgte erneut ein Double aus Meistertitel und DFB-Pokalsieg.

Heynckes, Jupp (*9.5.1945). 1987 verpflichtete Uli Hoeneß Jupp Heynckes als Nachfolger von Udo Lattek. Heynckes war zuvor als Spieler und Trainer bei Borussia Mönchengladbach erfolgreich gewesen. Er leistete auf nationaler Ebene tolle Arbeit (zweimal Meister, zweimal Vizemeister), scheiterte aber in den europäischen Wettbewerben zwischen 1989 und 1991 dreimal hintereinander im Halbfinale. Als es in der Saison 1991/92 immer weiter bergab ging, wurde er von seinem Freund Uli Hoeneß schweren Herzens entlassen. Zwischenzeitlich in Spanien sehr erfolgreich – u. a. 1998 Gewinn der Champions League mit Real Madrid –, kehrte er 2009 kurzzeitig als Ersatzmann für den entlassenen Jürgen Klinsmann wieder nach München zurück. 2011 heuerte der erfahrene Fußballlehrer zum dritten Mal beim FCB an, 2013 führte er seine souveräne Mannschaft zum Triple aus Meisterschaft, Pokalsieg und Champions-League-Triumph. Im Jahr darauf wurde er von der FIFA als weltbester Trainer ausgezeichnet. 2017 kam der Ruheständler als Nachfolger des geschassten Ancelotti zum vierten Mal an die Säbener Straße. Mit 73 Jahren avancierte er 2018 zum ältesten Meistertrainer der Bundesliga-Geschichte. Heynckes erlebte als Spieler und Trainer 1.038 Bundesliga-Spiele, 518 Bundesliga-Siege und acht Meisterschaften (vier als Spieler und vier als Trainer).

Hitzfeld, Ottmar (*12.1.1949). Der Erfolgstrainer von Borussia Dortmund (zweimal Meister, einmal Champions-League-Sieger) löste zur Saison 1998/99 Giovanni Trapattoni ab. Ottmar Hitzfeld schaffte es so gut wie keiner seiner Vorgänger, die als „untrainierbar" geltenden Bayern sportlich zu lenken und zu Erfolgen zu führen: Deutsche Meisterschaft 1999, 2000, 2001, 2003, DFB-Pokalsieg 2000, 2003, Champions-League-Sieg 2001, Weltpokalsieg 2001. Nach der tro-

*Immer engagiert am Spielfeldrand:
der Trainer-Dirigent Pep Guardiola.*

phäenlosen Saison 2003/04 hieß es dann jedoch plötzlich, er sei im Umgang mit den Profis „zu sanft". Hitzfeld machte dem „harten" Felix Magath Platz, kehrte aber am 31. Januar 2007 wieder zurück. Er war national erneut erfolgreich und erreichte mit den Bayern 2008 sein drittes „Double".

Kovac, Niko (*15.10.1971). Der in Berlin geborene Deutsch-Kroate mit Bayern-Background (34 Bundesliga-Einsätze, Double-Gewinn 2003) gilt als akribischer und fleißiger Arbeiter mit der besonderen Gabe, sehr unterschiedliche Charaktere zu einem schlagkräftigen Team formen zu können. Bester Beweis: Kurz vor seinem Amtsantritt in München besiegte er im Pokalfinale 2018 mit der Multikulti-Truppe von Eintracht Frankfurt den hohen Favoriten FC Bayern. Als Bayern-Trainer blieb er nicht unumstritten, brachte seine Truppe aber dann doch in die Spur und schloss die Saison 2018/19 erfolgreich mit dem Double aus Meisterschaft und Pokalsieg ab.

Lattek, Udo (*16.1.1935). Der bis dahin ziemlich unbekannte DFB-Trainer, der im März 1970 Branko Zebec ablöste, hatte sein Engagement Franz Beckenbauer zu verdanken. Der hatte ihn als Assistenten von Bundestrainer Helmut Schön kennen- und schätzen gelernt. Unter Lattek, der die Mannschaft besonders gut motivieren konnte, startete der FC Bayern zu seiner erfolgreichsten Zeit. Nach seiner ersten Amtsperiode (bis 1975) kehrte der Erfolgstrainer 1983 noch einmal zurück. Unter Latteks Regie gewann der FC Bayern sechs Deutsche Meisterschaften (1972-74, 1985-87), dreimal den DFB-Pokal (1971, 1984, 1986) sowie einmal den Europapokal der Landesmeister (1974).

Magath, Felix (*26.7.1953). Der technisch begnadete Ex-Nationalspieler hatte sich bereits zu Beginn seiner Trainerkarriere einen Ruf als besonders harter Chef erworben („Qualität kommt von Qual"). Ab 2004 sorgte der leidenschaftliche Schachspieler

bei den Bayern für Ordnung und Disziplin. Er erreichte 2005 und 2006 als erster Trainer überhaupt zweimal hintereinander das „Double", konnte aber auf der internationalen Bühne wenig bewegen und zudem die Sehnsucht nach schönem (und nicht nur erfolgreichem) Fußball nicht befriedigen.

Trapattoni, Giovanni (*17.3.1939). Der Gentleman aus Italien kam 1994 als erfolgreichster Trainer der Welt (17 Titel!) zum FC Bayern. Er kam aber in München wegen seiner Sprachprobleme zunächst nicht gut zurecht. Nach dem missglückten Versuch mit Otto Rehhagel wurde er 1996 zum zweiten Mal engagiert, und nun erreichte er auch einen Meistertitel. Die Kritik an ihm wollte trotzdem nicht verstummen, weil er meist einen unattraktiven Sicherheitsfußball spielen ließ.

Van Gaal, Louis (*8.8.1951). Der Niederländer trainierte unter anderen Ajax Amsterdam, den FC Barcelona und die Nationalmannschaft der Niederlande. Seine Titelliste ist lang, mit Ajax gewann er 1995 sogar die Champions League. Das wäre ihm 2010 beinahe auch mit dem FC Bayern gelungen. Nach dem Gewinn von Deutscher Meisterschaft und DFB-Pokal scheiterte seine Mannschaft in der Champions League nur knapp (0:2 im Finale gegen Inter Mailand). Nach Misserfolgen in allen Wettbewerben und vielen Streitereien wurde er am 10. April 2011 entlassen.

Zebec, Branko (*17.5.1929 †26.9.1988). Als der jugoslawische Rekordnationalspieler 1968 zu den Bayern kam, war er als Trainer noch nicht so erfahren. In die Amtszeit des sehr strengen Trainers fielen aber die erste Bundesliga-Meisterschaft für den FC Bayern und ein Erfolg im DFB-Pokal. Nach seiner Entlassung in München war er mit dem Hamburger SV erfolgreich, wo er unter anderem den späteren Bayern-Trainer Felix Magath formte.

Ottmar Hitzfeld nimmt nach dem Gewinn der Deutschen Meisterschaft 2008 unter Tränen seinen Abschied als Bayern-Trainer.

LEXIKON DER BAYERNSPIELER (AUSWAHL)
(Stand: 27.6.2020)

Abkürzungen: DFB = Pokalsieg, DM = Deutsche Meisterschaft, CL = Champions League/Landesmeister-Cup, UEFA = UEFA-Cup, PS = Pokalsieger-Cup.
In Klammern: Zeitraum bei Bayern (zum Teil mit Unterbrechungen), Bundesligaspiele/Tore.
Spiele in der Oberliga (OL).

Alaba, David (*24.6.1992), kleiner Österreicher mit Riesentalent (2009-20, 249/20). 9 x DM, 6 x DFB, 2 x CL

Alonso, Xabi (*25.11.1981), spanischer Kurzpass-König im defensiven Mittelfeld (2014-17, 79/5). 3 x DM, 1 x DFB

Andersson, Patrick (*18.8.1971), zeitweise Chef der Bayern-Defensive (1999-01, 38/11). 1 x DFB, 2 x DM, 1 x CL

Augenthaler, Klaus (*26.9.1957), grantiger Beckenbauer-Nachfolger (1977-91, 404/52). 3 x DFB, 7 x DM

Aumann, Raimond (*12.10.1963), der Dschungelbuch-Bär („Balu") im Tor (1984-94, 216). 6 x DM

Babbel, Markus (*8.9.1972), kopfballstarker echter Bayer in der Abwehr (1991-99, 154/8). 1 x DFB, 2 x DM, 1 x UEFA

Badstuber, Holger (*13.3.1989), ballsicherer Innenverteidiger, leider oft verletzt (2009-16, 118/1). 5 x DM, 4 x DFB, 1 x CL

Ballack, Michael (*26.9.1976), weltweit torgefährlichster Mittelfeldspieler (2002-06, 107/44). 3 x DFB, 1 x DM

Basler, Mario (*18.12.1968), lauffaules Schuss- und Freistoß-Genie (1996-00, 78/18). 1 x DFB, 2 x DM

Bauer, Hans (*28.7.1927 †31.10.1997), ein „Sonnyboy" und Linksverteidiger (1948-59, OL: 226/3)

Beckenbauer, Franz (*11.9.1945), Libero und Fußball-„Kaiser" (1965-77, 396/44). 4 x DFB, 4 x DM, 3 x CL, 1 x PS

Bergmaier, Josef (*5.3.1909 †5.3.1943), dribbelfreudiger Rechtsaußen (1929-38). 1 x DM

Boateng, Jerome (*3.9.1988), deutscher Weltmeister mit Vater aus Ghana (2011-2020, 200/4). 8 x DM, 5 x DFB, 2 x CL

Brehme, Andreas (*9.11.1960), Außenverteidiger, mit beiden Füßen stark (1986-88, 59/7). 1 x DM

Breitner, Paul (*5.9.1951), Passgeber mit scharfer Zunge (1970-83, 255/83). 1 x DFB, 5 x DM, 1 x CL

Brenninger, Dieter (*16.2.1944), Linksaußen aus Altenerding (1962-71, BL: 190/59) 4 x DFB, 1 x DM, 1 x PS

Coman, Kingsley (*13.6.1996), flinker Franzose aus Guadeloupe, kickt wie ein junger Ribéry (2015-20, 108/19). 5 x DM, 3 x DFB, 1 x CL

Dante (*18.10.1983), souveräner brasilianischer Abwehrchef mit Afro-Wuschelkopf (2012-15, 85/3). 3 x DM, 2 x DFB, 1 x CL

Davies, Alphonso (*02.11.2000), kanadischer „Roadrunner" auf der linken Seite (2019-20, 35/4). 2 x DM, 2 x DFB, 1 x CL

Deisler, Sebastian (*5.1.1980), Großtalent mit kurzer Karriere (2002-07, 62/8). 3 x DFB, 3 x DM

Del'Haye, Karl (*18.8.1955), Außenstürmer, auf der Ersatzbank verkümmert (1980-84, 74/7). 2 x DFB, 1 x DM

Demichelis, Martín (*20.12.1980), Innenverteidiger aus Argentinien (2003-10, 174/13). 4 x DM, 4 x DFB

Dorfner, Hans (*3.7.1965), ballsicherer Regisseur aus Undorf (1986-91, 111/16). 3 x DM

Dremmler, Wolfgang (*12.7.1954), „Wasserträger" von Paul Breitner (1979-86, 172/6). 3 x DFB, 4 x DM

Dürnberger, Bernd (*17.9.1953), laufstarker Mittelfeldspieler (1972-85, 375/38). 2 x DFB, 5 x DM, 3 x CL

Eder, Norbert (*7.11.1955), beinharter Manndecker aus Bibergau (1984-88, 132/6). 1 x DFB, 3 x DM

Effenberg, Stefan (*2.8.1968), „Cheffe" mit großer Schnauze (1990-02, 160/35). 2 x DFB, 3 x DM, 1 x CL

Elber, Giovane (*23.7.1972), brasilianischer Torjäger und Jubler (1997-03, 169/92) 3 x DFB, 4 x DM, 1 x CL

Fink, Thorsten (*29.10.1967), mannschaftsdienlicher Mittelfeldspieler (1997-03, 149/4). 3 x DFB, 4 x DM, 1 x CL

Flick, Hans-Dieter (*24.2.1965), eher unauffälliger Mittelfeldspieler (1985-90, 104/6). 1 x DFB, 3 x DM

Gablonsky, Max (*1.1.1890 †16.7.1969), Stammkraft auf Rechtsaußen (bis 1922 500 Spiele)

Gnabry, Serge (*14.7.1995), flinker Rechtsaußen (2018-20, 61/22). 2 x DM, 2 x DFB, 1 x CL

Goldbrunner, Ludwig (*5.3.1908 †26.9.1981), Stopper von Extraklasse, Kapitän 1937-41. 1 x DM

Gomez, Mario (*10.7.1985), mit 35 Mio. Euro Ablöse teuerster Bayern-Stürmer (2009-13, 115/75). 2 x DM, 2 x DFB, 1 x CL

Goretzka, Leon (*6.2.1995), intelligenter Spielgestalter (2018-20, 54/14). 2 x DM, 2 x DFB, 1 x CL

Götze, Mario (*3.6.1992), deutsches Supertalent, meist eine „falsche Neun" (2013-16, 73/22). 3 x DM, 2 x DFB

Grosser, Peter (*28.9.1938), hervorragender Techniker in der Oberliga (1958-63, OL: 134/65)

Gustavo, Luiz (*23.7.1987), vielseitiger Defensiv-Brasilianer aus Pindamonhangaba (2011-13, 64/6). 1 x DM, 1 x DFB, 1 x CL

Hamann, Dietmar (*27.8.1973), Stammspieler im rechten Mittelfeld (1993-98, 106/6). 2 x DM, 1 x UEFA

Hansen, Johnny (*14.11.1943), zuverlässiger dänischer Verteidiger (1969-76, 164/7). 1 x DFB, 3 x DM, 3 x CL

Hargreaves, Owen (*20.1.1981), britischer Mittelfeld-Dampfmacher (2000-07, 145/5). 3 x DFB, 4 x DM, 1 x CL

Haringer, Sigmund (*9.12.1908 †23.2.1975), Abwehrspieler in der Meisterelf von 1932. 1 x DM

Heidkamp, Conrad (*27.9.1905 †6.3.1994), Kapitän der Meistermannschaft von 1932. 1 x DM

Helmer, Thomas (*21.4.1965), Defensivspieler und Spielführer (1992-99, 191/24). 1x DFB, 3x DM, 1 x UEFA

Hoeneß, Dieter (*7.1.1953), kopfballstarker und tapferer Sturmtank (1979-87, 224/102). 3 x DFB, 5 x DM

Hoeneß, Uli (*5.1.1952), pfeilschneller, konterstarker Stürmer (1970-79, 239/86). 1 x DFB, 3 x DM, 3 x CL

Hofmann, Ludwig (*9.6.1900 †2.10.1935), technisch starker Linksaußen in den 1920er Jahren

Horsmann, Udo (*30.3.1952), unspektakulärer Abwehrspieler (1975-83, 242/20). 1 x DFB, 2 x DM, 1 x CL

Hummels, Mats (*16.12.1988),Weltmeister, ehemals Bayern-Jugendspieler (2016-19, 75/3). 3 x DM, 1 x DFB

Jancker, Carsten (*28.8.1974), glatzköpfiger Stürmer-Bulle (1996-02, 143/48). 2 x DFB, 4 x DM, 1 x CL

Jeremies, Jens (*5.3.1974), bissiger Staubsauger vor der Abwehr (1998-06, 163/6). 4 x DFB, 6 x DM, 1 x CL

Jorginho (*17.8.1964), spielstarker Außenverteidiger aus Brasilien (1992-94, 67/5). 1 x DM

Kahn, Oliver (*15.6.1969), weltbester Torwart-Titan mit Wutanfällen (1994-08, 429). 6 x DFB, 8 x DM, 1 x CL

Kapellmann, Jupp (*19.12.1949), Medizinstudent, schnell und klug (1973-79, 165/17). 1 x DM, 3 x CL

Kimmich, Joshua (*8.2.1995), offensivstarker Lahm-Nachfolger (2015-20, 146/13). 5 x DM, 3 x DFB, 1 x CL

Klinsmann, Jürgen (*30.7.1964), schwäbischer Torjäger, dauerlächelnd (1995-97, 65/31). 1 x DM, 1 x PS

Klose, Miroslav (*9.6.1978), kopfballstarker Purzelbaum-Torjäger (2007-11, 98/24). 2 x DM, 2 x DFB

Kögl, Ludwig (*7.3.1966), schneller Dribbler und Liebling der Fans (1984-90, 149/8). 1 x DFB, 5 x DM

Kovac, Robert (*6.4.1974), zweikampfstarker Abwehrspieler aus Kroatien (2001-05, 94/0). 2 x DFB, 2 x DM

Kraus, Wolfgang (*20.8.1953), fleißige „Arbeitsbiene" im Mittelfeld (1979-84, 138/17). 2 x DFB, 2 x DM

Kreuzer, Oliver (*13.11.1965), Stammspieler in der Innenverteidigung (1991-97, 282/14). 2 x DM, 1 x UEFA

Kroos, Toni (*4.1.1990), fehlerlose Pass-Maschine. (2007-14, 130/13). 3 x DM, 3 x DFB, 1 x CL

Kuffour, Samuel (*3.9.1976), hartes Abwehr-Ass aus Ghana (1994-2005, 175/7). 3 x DFB, 6 x DM, 1 x CL

Kupferschmidt, Peter (*2.3.1942), manchmal nervöser Verteidiger (1965-70, 135/4). 3 x DFB, 1 x DM, 1 x PS

Labbadia, Bruno (*8.2.1966), Mittelstürmer mit kleinem Wendekreis (1991-94, 82/28). 1 x DM

Lahm, Philipp (*11.11.1983), Klassemann auf der Außenbahn (2005-17, 332/12). 8 x DM, 6 x DFB,1 x CL

Lerby, Sören (*1.2.1958), toller dänischer Mittelfeld-Regisseur (1983-86, 89/22). 2 x DFB, 2 x DM

Lewandowski, Robert (*21.8.1988), polnischer Dauer-Torschützenkönig (2014-20, 190/162). 6 x DM, 3 x DFB, 1 x CL

Linke, Thomas (*26.12.1969), extrem zuverlässiger Abwehrspieler (1998-05, 165/2). 3 x DFB, 5 x DM, 1 x CL

Lizarazu, Bixente (*9.12.1969), kleiner Baske, super Linksverteidiger (1997-06, 182/7). 5 x DFB, 6 x DM, 1 x CL

Lúcio (*8.5.1978), wuchtiger und offensiver Innenverteidiger aus Brasilien (2004-09, 144/7). 3 x DFB, 3 x DM

Maier, Sepp (*28.2.1944), lustige und enorm fang-sichere Torwartkatze (1965-79, 473). 4 x DFB, 4 x DM, 3 x CL, 1 x PS

Makaay, Roy (*9.3.1975), niederländischer Torjäger mit toller Trefferquote (2003-07, 129/78). 2 x DFB, 2 x DM

Mandzukic, Mario (*21.5.1986), lauf-, kampf- und kopfballstarke Nummer 9 aus Kroatien (2012-14, 54/33). 2 x DM, 2 x DFB, 1 x CL

Martinez, Javier (*2.9.1988), enorm teurer, aber bissiger und spielstarker Spanier (2012-20, 146/9). 8 x DM, 5 x DFB, 2 x CL

Mathy, Reinhold (*12.4.1962), blieb ein Mittel-feld-Dauertalent (1980-87, 100/21). 3 x DFB, 4 x DM

Matthäus, Lothar (*21.3.1961), Regisseur, Dauer-redner, Weltfußballer (1984-88, 1992-00, 302/85). 2 x DFB, 6 x DM, 1 x UEFA

Moll, Herbert (*13.12.1916 †10.2.2002), fairer Mit-telfeldspieler mit Stil (1935-51)

Müller, Gerd (*3.11.1945), allerbester Torjäger aller Zeiten (1965-79, 427/365). 4 x DFB, 4 x DM, 3 x CL, 1 x PS

Müller, Thomas (*13.9.1989), „wilder" Stürmer mit wenig Muskeln, aber mit viel Raumgefühl und Tordrang (2009-20, 351/118). 9 x DM, 6 x DFB, 2 x CL

Nachtweih, Norbert (*4.6.1957), Klasseverteidiger aus der damaligen DDR (1982-89, 202/20)). 2 x DFB, 4 x DM

Nafziger, Rudolf (*11.8.1945 †13.7.2008), Super-dribbler und Mädchenschwarm (1964-68, 116/10).). 2 x DFB, 1 x PS

Nerlinger, Christian (*21.3.1973), fleißiger Arbei-ter im Mittelfeld (1993-98, 156/27). 2 x DM, 1 x UEFA

Neuer, Manuel (*27.3.1986), die unangefochtene Nummer 1 im deutschen Tor (2011-20, 249/0). 8 x DM, 5 x DFB, 2 x CL

Niedermayer, Kurt (*25.11.1955), beständiger Defensivspieler (1977-82, 145/32). 1 x DFB, 3 x DM

Oblak, Branko (*27.5.1947), jugoslawischer Mit-telfeldregisseur, gut am Ball (1977-80, 71/5). 1 x DM

Ohlhauser, Rainer (*6.1.1941), toller Torjäger, 207 Tore in 329 Spielen (160/64). 3 x DFB, 1 x DM, 1 x PS

Olic, Ivica (*14.9.1979), Kampfmaschine aus Kroa-tien, kam vom HSV (2009-12, 55/13). 1 x DM, 1 x DFB

Olk, Werner (*18.1.1938), Kapitän und Abwehr-spieler, gelernter Ingenieur (1960-70, 144/2). 3 x DFB, 1 x DM, 1 x PS

Pavard, Benjamin (*28.03.1996), Abwehr-Welt-meister aus Frankreich (2019-20, 32/4). 1 x DM, 1 x DFB, 1 x CL

Pfaff, Jean-Marie (*4.12.1953), Torwart aus Bel-gien, Liebling der Fans (1982-88, 156). 2 x DFB, 3 x DM

Pflügler, Hans (*27.3.1960), kaum zu überwinden-der Verteidiger (1981-95, 277/36). 3 x DFB, 5 x DM

Pizarro, Claudio (*3.10.1978), die torgefährlichste „Pizza" aus Peru (2001-07, 2012-15, 224/87). 6 x DM, 5 x DFB, 1 x CL

Podolski, Lukas (*4.6.1985), in der Nationalelf Tor-jäger, bei Bayern nicht (2006-09, 71/15). 1 x DFB, 1 x DM

Pöttinger, Josef (*16.4.1903 †9.9.1970), Ball-streichler aus München-Neuhausen, 1921-1932.

Rafinha (*7.9.1985), kleiner giftiger Außenvertei-diger aus Brasilien (2011-19, 179/5). 7 x DM, 4 x DFB, 1 x CL

Reuter, Stefan (*16.10.1966), sehr schneller Mittel-feldspieler aus Dinkelsbühl (1988-91, 95/4). 2 x DM

Josef Bergmaier   Samuel Kuffour   Toni Kroos

Ribéry, Franck (*7.4.1983), fast unaufhaltsamer Wirbler aus Frankreich (2007-19, 273/86). 9 x DM, 6 x DFB, 1 x CL

Robben, Arjen (*23.1.1984), dribbelte auf Rechts-außen, traf mit dem Linken (2009-19, 201/99). 8 x DM, 5 x DFB, 1 x CL

Rohr, Oskar (*24.4.1912 †8.11.1988), Torjäger des ersten Bayern-Meisterteams, 1930-32. 1 x DM

Roth, Franz (*27.4.1946), bulliger Antreiber mit mächtigem Schuss (1966-78, 322/72). 2 x DFB, 4 x DM, 3 x CL, 1 x PS

Rummenigge, Karl-Heinz (*22.9.1955), bester Torjäger nach Gerd Müller (1974-84, 310/162). 2 x DFB, 2 x DM

Rummenigge, Michael (*3.2.1964), torgefährli-cher Mittelfeldspieler (1982-88, 152/45). 2 x DFB, 3 x DM

Sagnol, Willy (*18.3.1977), französischer Welt-klasse-Außenverteidiger (2000-09, 184/7). 4 x DFB, 5 x DM, 1 x CL

Salihamidzic, Hasan (*1.1.1977), unaufhörlich rackerndes Bürschchen (1998-07, 234/30). 4 x DFB, 6 x DM, 1 x CL

Santa Cruz, Roque (*16.8.1981), Teenie-Schwarm, Dauer-Stürmertalent (1999-07, 155/31). 4 x DFB, 5 x DM, 1 x CL

Scholl, Mehmet (*16.10.1970), Ballstreichler, Fan-Liebling, heute Super-Kommentator (1992-07, 334/86). 5 x DFB, 8 x DM, 1 x CL, 1 x UEFA

Schwabl, Manfred (*18.4.1966), Dauer-Wechsler Nürnberg-München (1984-93, 110/7). 1 x DFB, 3 x DM

Schwarzenbeck, Georg (*3.4.1948), super-zu-verlässiger Vorstopper (1966-80, 416/21). 3 x DFB, 5 x DM, 3 x CL,1 x PS

Schweinsteiger, Bastian (*1.8.1984), einstiger „Fußballgott" aus Kolbermoor (2002-15, 342/45). 8 x DM, 7 x DFB, 1 x CL

Sergio, Paulo (*2.6.1969), sehr gläubiger, brasi-lianischer Offensivspieler (1999-02, 77/21). 1 x DFB, 2 x DM, 1 x CL

Siedl, Gerhard (*22.3.1929 †9.5.1998), ausgezeich-neter Stürmer in den 1950er Jahren (OL: 132/35)

Simetsreiter, Wilhelm (*6.3.1915 †17.7.2001), toller Bayern-Stürmer bis zur Oberligazeit (1934-47)

Sternkopf, Michael (*21.4.1970), „ewiges" Talent aus Karlsruhe, langhaarig (1990-95, 94/4). 1 x DM

Streitle, Jakob (*11.12.1916 †24.6.1982), von 1935 bis 1955 Abwehrchef (OL: 214/1)

Strunz, Thomas (*25.4.1968), Defensivspieler, zeit-weise in Stuttgart (1989-01, 235/24). 2 x DFB, 5 x DM, 1 x CL, 1 x UEFA

Süle, Niklas (*3.9.1995), hünenhafter Innenverteidi-ger mit Dauerbrenner-Potenzial (2017-20, 66/4). 3 x DM, 2 x DFB, 1 x CL

Tarnat, Michael (*27.10.1969), Defensivspieler auf links, harter Schuss (1997-03, 122/8). 3 x DFB, 4 x DM, 1 x CL

Thiago (Alcántara do Nascimento) (*11.4.1991), im-mer kreatives spanisch-brasilianisches Ballgenie (2013-20, 150/17). 7 x DM, 4 x DFB, 1 x CL

Thon, Olaf (*1.5.1966), Straßenfußballer im Mittel-feld, kam von Schalke (1988-94,148/30). 3 x DM

Tolisso, Corentin (*3.4.1994), französischer Welt-meister im zentralen Mittelfeld (2017-20, 41/8). 3 x DM, 2 x DFB, 1 x CL

Toni, Luca (*26.5.1977), italienischer Torjäger, Welt-meister, Schönling (2007-09, 60/38). 1 x DM, 1 x DFB

Torstensson, Conny (*28.8.1949), schwedischer Stürmer mit roten Schuhen (1973-77, 81/11). 1 x DM, 3 x CL

Van Bommel, Mark (*22.4.1977), giftiger An-treiber aus den Niederlanden (2006-11, 123/11). 2 x DM, 2 x DFB

Van Buyten, Daniel (*7.2.1978), Fels („The Rock") in der Bayern-Abwehr (2006-14, 158/20). 4 x DM, 4 x DFB, 1 x CL

Vidal, Arturo (*22.5.1987), der Irokesen-„Krieger" aus Chile, immer voll unter Strom (2015-18, 79/14). 3 x DM, 1 x DFB

Wegmann, Jürgen (*31.3.1964), Stürmer, der giftig wie eine Kobra sein wollte (1987-89, 58/26). 1 x DM

Weiner, Hans (*29.11.1950), der defensiv stets ver-lässliche „Hanne" aus Berlin (1979-82, 91/2). 2 x DM

Wohlfarth, Roland (*11.1.1963), neun Jahre lang treffsicherer Torjäger (1984-93, 254/119). 1 x DFB, 5 x DM

Zé Roberto (*6.7.1974), zarter und eleganter Ball-zauberer aus Brasilien (2002-09, 169/14). 4 x DFB, 4 x DM

Zickler, Alexander (*28.2.1974), Stürmer mit Zehnkämpfer-Figur (1993-05, 213/51). 3 x DFB, 7 x DM, 1 x CL, 1 x UEFA

Ziege, Christian (*1.2.1972), Mittelfeldspieler mit Drang zum Tor (1990-97, 185/37). 2 x DM, 1 x UEFA

Zobel, Rainer (*3.11.1948), Dauerläufer im Erfolgs-team der 1970er Jahre (1970-76, 180/19). 1 x DFB, 3 x DM, 3 x CL